KB008099

생활 등산·트레킹 가이드북

산키피디아

생활 등산·트레킹 가이드북

산키피디아

山 + wikipedia

이원창 지음

BOOKERS

산에 오를 땐 '왼발에 열정, 오른발에 긍정'을 신고

그래! 사람들이 이 맛에 산에 오르는구나

첫 직장을 '노동 시간이 정말 긴' 광고회사에서 시작했다. 광고홍보학이 적성에 맞아 광고회사를 선택했는데, 과거에 이 분야는 야근과 주말 근무가 많기로 악명이 높았다. 매일 집과 회사에 오가는 생활이 반복되었고, 업무 스트레스는 보통의 남자들이 그렇듯 술로 해소했다. 체중은 점점 늘어나고 체력은 점점 고갈되어 갔다. 피로감을 느끼던 어느 날, '이러다가 과로사할 수도 있겠구나' 싶은 공포감이 엄습해왔다.

업무 스트레스가 심했던 어느 금요일. 회사 동기들과 술자리에서 스트레스를 해소하고 토요일 오후까지 늦잠을 자다 깨어났다. '소중한 주말을 매번 이렇게 무의미하게 보내도 될까?'라는 질문을 스스로 하게 되었다. 그래서 해장도 할 겸, 늘 바라만 보았던 관악산에 올랐다. 물론,

초반엔 꽤 힘들었다. 그럼에도, 저질 체력으로 변한 스스로를 자책하며 꾸준히 오르다 보니, 어느덧 서울 시내가 훤히 내려다보였다. 탁 트인 풍경을 내려다보며 복잡했던 머리 속이 개운하게 비워지는 말로 표현할 수 없는 짜릿함과 성취감이 몰려왔다. '그래! 사람들이 이 맛에 산에 오르는구나!'

이직하고 네임밸류 있는 직장에도 다녔지만, 여전히 과도한 업무량과 대인 관계로 스트레스를 받았다. 계속해서 성장하고 인정받고 싶은데, 일이 뜻대로 되지 않으면 자존감이 낮아질 때도 있었다. 그리고 식곤증이 찾아와 졸고 있는 내 모습을 자책하기도 했다. 그러나 이전과는 다르게 술 대신 산을 찾았다. 산은 지친 내 마음을 치유해주는 공간이자, 체력과 자신감, 자존감을 다시 찾을 수 있는 케렌시아(나만의 안식처) 같은 공간이 되어 주었다. 등산의 참맛을 깨닫게 된 이후, 매주 주말마다 1주 1산(또는 1주 2산)을 하게 되었다.

매주 산을 찾아 다녔지만, 막상 주변에는 등산을 즐기고자 하는 사람이 없었다. 당시만 하더라도 '등산'이라는 취미는 어르신들의 전유물처럼 인식되고 있었다. 그래서 취향이 비슷한 또래 등산동호회 모임에 가입하여 설악산, 지리산, 한라산 등 전국의 명산을 찾아다니게 되었다. 이때 등산에 더욱 빠지게 된 것 같다. 그러던 어느 날부터 우연한 기회에 운영진과 모임장까지 맡게 되었는데, 시간이 흐르다 보니 모임의 성격이 변질되고 구성원 간에도 오해와 갈등이 생겼다. 취미를 '즐기고' 싶었는데, '사람 스트레스'까지 받게 된 것이다.

그렇게 좋은 곳을 당신만 가지 말고, 나도 좀 데려가 달라!

모임을 관두고 전국의 명산을 혼자 찾아 다니며 SNS에 산행지 사진을 올리기 시작했다. 꾸준히 하다 보니 "그렇게 좋은 곳을 당신만 가지 말고, 나도 좀 데려가 달라!"는 요청을 받았다. 이때 알게 된 게 '프립'이라는 액티비티 플랫폼이었고, 이를 발판 삼아 퇴사 후 '아웃도어큐레이터'라는 활동명을 만들게 되었다.

그동안의 산행 리딩 경험을 살려 서울 근교와 지방 산행 프로그램을 꾸준히 진행했다. 반응은 폭발적이었다. 취향이 비슷한 사람들과 취미를 함께 즐기고 쿨하게 헤어지는 '느슨한 관계'를 원칙으로 진행하다 보니, 처음 신청한 사람도 부담 없이 참여할 수 있었기 때문이다. 여기에 더해 인문학적 지식을 곁들여 해설까지 해주다 보니 참여자들의 만족도가 매우 높았고, 프로그램을 신청하기 위해 과열 경쟁 양상까지 나타났다.

물론 코로나19로 방역 조치가 강화될 때는 이미 매진된 프로그램을 계속 취소할 수밖에 없던 시기도 있었다. 이때에도 큰 위로가 되며, 다시 일어설 용기를 준 것도 산이다. 더불어 '반복되는 일상생활에 쉼표와 재충전의 기회를 주어 정말 고맙다'는 피드백으로 보람을 느끼기에, 지금까지도 평일 저녁 혹은 주말이면 많은 이들과 산에 오른다.

방역 정책 강화로 인해 몇 달 동안 수입이 없는 어둠의 터널을 지나고 있었지만, 마음을 다잡고 유튜브를 시작했다. 광고회사에 다녔던 경험과 마케터로 재직했던 이력을 살려, 복잡한 정보를 시청자 관점에서 이해하기 쉽게 영상으로 풀어놓기 시작했다. 여러 등산 유튜버 중에 '정보 품질 면에서 단연 최고'라는 댓글이 달리기 시작했다. 곧이어 구독자가 1만 명이 안되던 시기부터 많은 사람들이 정보의 가치를 알아봐주기 시작했고, 그 응원에 힘입어『산키피디아』를 집필했다.

산과 관련해 가치 있는 알찬 정보만
골라서 전해주고 싶다

우리나라 등산과 트레킹 인구를 100으로 봤을 때, 그냥 걷는 하이킹을 즐기는 인구가 전체의 92%로 대다수를 차지하고, 리지 등반이 6%, 암벽 등반이 2%를 차지한다. (한국리서치 조사자료 인용) 기존의 등산 도서는 전문적이지만 등반(암벽/빙벽)에 대한 내용이 많았고, 트레킹 관련 서적은 좀 더 대중적이지만 '여행' 콘텐츠 성격이 강했다. '하이킹'으로 불리는 대다수의 생활 등산·트레킹을 즐기는 사람들을 위한 책은 찾아보기 힘들었다. 지금도 필요로 하는 정보는 인터넷 어딘가에서 찾을 수 있지만, 검색 능력이 좋아야 얻을 수 있는 정보이고 그 양도 충분하지 않다.

그래서, 『산키피디아』는 등산 초보부터 시작해서 전문가의 경지까지 오른 저자의 경험을 살려, 생활 등산·트레킹을 즐기는 사람들이 필요로 하는 핵심적인 정보를 한곳에 모아 서술한 책이다. 과거에 출간된 등산·트레킹 관련 도서에서 찾아볼 수 없었던 실용적이고 심층적인 정보와 최신 트렌드를 많이 담고 있다. 등산의 진짜 재미를 느낄 수 있도록 큐레이션하여 정리했다.

"산은 언제나 그 자리에 있기에 체력을 키워 다시 도전해도 좋다."

등산은 분명 힘든 취미 활동은 맞지만, 자연 속에서 얻을 수 있는 무형의 가치는 그보다 더 크다고 확신한다. 나에게 닥친 여러 차례의 위기에도 불구하고 다시 일어설 용기를 준 것이 산이고, 거칠고 험한 이 세상을 슬기롭게 헤쳐 나갈 수 있는 지혜를 준 곳도 산이다. 그래서 여러분도 등산을 통해 행복한 삶을 이어갈 수 있길, 힘든 순간이 찾아와도 극복해낼 용기를 얻을 수 있길 응원한다. 그리고 이 책이 대한민국 국민 누구나 등산·트레킹을 즐겁고 안전하게 즐길 수 있는 나침반이 되길 바란다.

아웃도어큐레이터 이원창

PART 2

죽기 전에 꼭 가봐야 할 산행지
등산 버킷리스트

PART 3

등산의 즐거움을 더한다
아웃도어큐레이터의 '알쏠산잡'

PART 4

세상은 넓고 가야 할 곳도 많다
전국 산행지 리스트

PART 1

이것만은 반드시 알고 시작하세요

산행
계획
세우기

성공적인 산행을 위해서는 산행지 선정부터 산행 준비
물, 본인의 체력 수준까지 고려해야 할 점들이 많다. 본
인에게 알맞은 수준의 산행지와 코스를 선택할 수 있
다면 등산 고수겠지만, 일반 등산 동호인 대부분은 선
택의 어려움을 겪는다. 파트 1에서는 등산 계획 방법과
등산 장비 선택 가이드를 제시하여, 등산 준비 시 놓칠
수 있는 부분을 점검할 수 있도록 돕는다.

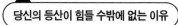
등산 계획
체크리스트

사전 준비와 계획 없이 산을 찾는다면 피로, 근육경련, 탈진, 저체온증, 조난 등을 겪을 수 있다. 자신에게 가장 알맞고 만족도 높은 산행지를 선정하려면 사전에 여러 경로로 정보를 파악하고, 꼼꼼하게 계획을 세우는 것이 좋다.

어느 날짜에 갈 것인가?

☐ 주말   ☐ 주중   ☐ 휴일(공휴일, 명절 연휴 등)

어느 계절에 방문할 것인가?

☐ 봄(봄꽃 절정시기)   ☐ 여름(장마, 일사병, 탈진 대비)

☐ 가을(단풍/억새 절정시기)   ☐ 겨울(눈 예보, 추위/바람 대비)

☐ 입산통제 여부(봄/가을철 산불방지 기간)

어느 시간대에 산행할 것인가?

☐ 일출 산행   ☐ 주간 산행   ☐ 일몰 산행   ☐ 야간 산행

예상 소요 시간은 충분히 고려하였는가?

☐ 산행 거리   ☐ 하산 시간   ☐ 휴게 시간(식수, 행동식 보급)

☐ 일출 혹은 일몰 시간

산행지 시작점까지 어떻게 이동할 것인가?

☐ 도보   ☐ 자차(주차장)   ☐ 지하철   ☐ 버스

☐ 기차   ☐ 택시   ☐ 비행기   ☐ 선박

초보자 기준의 산행지 선택 포인트

- ✅ 거주지에서 멀지 않으며, 대중교통으로 접근이 용이한 산
- ✅ 등산로가 험하지 않고 바위보다는 전체적으로 흙으로 이루어진 산
- ✅ 등산로가 잘 정비되어 있고, 안내표지판이 잘 설치되어 있는 산
- ✅ 해발고도가 높지 않고 경사도가 심하지 않은 산
- ✅ 평소 체력으로도 무리 없이 오를 수 있는 산
- ✅ 평소에 찾는 사람이 많아 잠시 길을 잃어도 큰 문제가 없는 산

계절에 가장 적합한 산행지 선택하기

봄꽃 개화시기와 단풍시기 예측정보는 민간기상예보 전문업체 웨더아이(www.
weatheri.co.kr)와 케이웨더(www.kweather.co.kr)에서 매 시즌이 임박하기 전에 발
표하고 있다. 봄꽃은 개나리와 진달래, 벚꽃을 단풍은 '첫 단풍'과 '단풍 절정' 시기를
예측한다.

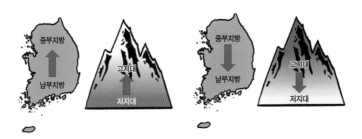

봄꽃은 남부지방에서 개화하기 시작하여 중부지방으로, 저지대에서 고지대까지 순차
적으로 개화한다(평균 기온이 높은 지역이 일찍 개화). 단풍은 중부지방에서 물들기 시작
해서 남부지방으로, 고지대에서 시작하여 저지대로 물들어 가기 시작한다(평균 기온이
낮은 지역부터 물들기 시작). 이 시기를 잘 고려하여 산행지를 선택한다.

원하는 목표에 따라 정한다 산행 코스

산행 계획은 포털 사이트, 유튜브 검색 등으로 할 수 있다. 예를 들어 '등산코스', '정상 최단코스', '소요 시간', '경유지점', '진달래 절정', '단풍 절정' 등 명확히 입력하는 것이 원하는 산행 정보를 얻는 데에 도움이 된다.

거리뷰로 제공되는 산행지가 있으니 네이버 '지도'의 '거리뷰'로 등산로 상태를 확인하며 사전답사 해볼 수 있다.

- **국립공원** 한라산, 지리산, 설악산, 덕유산, 오대산, 가야산, 소백산, 속리산, 계룡산, 무등산, 월악산, 월출산, 치악산, 내장산, 주왕산, 북한산, 도봉산, 경주남산
- **전국 100대 명산 및 주요 인기 명산** 관악산, 청계산(서울), 수락산, 도봉산, 아차산, 남한산(남한산성), 제비봉/옥순봉/구담봉(월악산), 금수산, 계방산, 대둔산, 유명산
- **둘레길** 서울둘레길, 북한산둘레길, 제주올레길

┌─ 아웃도어큐레이터 CHECK ─┐

산행지 코스 검색 예시

- ✅ 설악산 대청봉 최단코스
- ✅ 설악산 한계령 대청봉 오색 등산코스 km 소요시간
- ✅ 설악산 한계령 대청봉 중청대피소 희운각대피소 공룡능선 소공원 등산 코스 km 소요시간

일출/일몰 산행 산행 시간대

새벽 일찍 산에 오른다면 동이 트기 직전의 황홀한 여명과 장엄한 일출을 맞이할 수 있고, 운이 좋다면 발 아래로 구름이 솜사탕처럼 깔린 멋진 운해를 만나게 될 수도 있다. 하산하기 시작하는 오후 늦게 산에 오르면 서쪽 하늘을 붉게 물들이는 노을 속에서 낭만을 느낄 수도 있고, 야간에 산을 찾는다면 도시의 야경을 볼 수 있다.

기온이 높은 여름철에는 일사병 예방을 위해 산행 시간을 여유롭게 잡고, 한낮 최고 기온을 기록하는 시간대를 피해 일찍 산행을 끝마치는 것이 좋다. 기온이 낮은 겨울철에는 체온 유지를 위해 해가 떠 있는 시간대에 산행을 하되, 짧게 산행을 마치고 하산하는 게 좋다.

해발고도가 높은 산을 오른다면 일몰 이전에 하산을 완료하도록 해야 한다. 산에서는 평지보다 해가 일찍 떨어지고, 해가 떨어지면 한기가 몰려오고 어두워져서 등산로 식별이 어렵기 때문에 등산 경험이 많지 않고, 헤드랜턴이나 방한/보온 복장 등이 준비되어 있지 않다면 일몰 이전에 산행을 끝마치는 것이 안전을 위해 좋다.

> ## 아웃도어큐레이터 CHECK
>
> ❤ 네이버에 '일출일몰시간'으로 검색하면 지역별 일출/일몰 시간 확인이 가능하다.

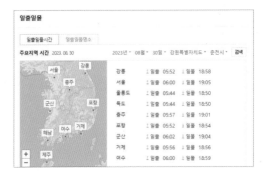

봄/여름/가을/겨울 산행 날씨

산행 준비에 있어서 기상예보를 확인하는 것은 매우 중요하다. 산은 평지 대비 기상 변화가 심하며, 높은 산에 오를수록 기온이 낮아지는 '기온감률' 때문이다. 해발 100m가 상승할 때마다, 기온은 평균 0.65℃가 하강한다. 특히, 산 정상부에서는 여름철에도 한기를 느낄 수 있고, 겨울철에는 1분도 견디기 어려운 혹한의 추위를 경험할 수 있다.

'체감온도'는 외부에 있는 사람이 바람과 한기에 노출된 피부로부터 열을 빼앗길 때 느끼는 추운 정도를 나타내는 지수이다. 바람이 1m/s 빨라질 때 체감온도는 1~1.5℃ 정도 내려간다고 보면 된다. 기상 예보와 다른 날씨가 나타나는 상황도 많으므로, 산을 찾을 때는 최악의 상황(비, 눈, 강한 바람)까지 대비하여 준비하는 것이 좋다.

아웃도어큐레이터 CHECK

✅ 기상청 날씨누리 홈페이지(www.weather.go.kr)에서 '테마날씨 > 산악날씨' 메뉴에 접속하면, 전국 주요 명산의 정상부 기온과 체감기온, 바람, 세기, 습도 등을 확인할 수 있다.

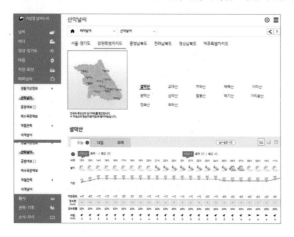

봄/가을철 산불방지기간, 겨울 한파주의보 등
입산통제 여부

계절별, 시기별, 시간대별 입산통제 되는 상황이 발생할 수 있다. 특히 입산통제가 이뤄지는 시기는 봄철과 가을철로 산림청이 관리하는 국유림과 국립공원공단이 관리하는 국립공원에서 실시되는 '산불방지기간'이다. 입산통제라고 하여 모든 산의 등산로가 통제되는 것은 아니지만 설악산 오색~대청봉 구간과 같은 인기 등산로가 통제되는 경우가 많기 때문에 사전에 꼭 확인하고 출발해야 한다.

이외 상습결빙지역, 한파주의보, 호우특보, 태풍, 대설특보 등의 발효 시 안전관리 측면에서 통제 되는 경우도 있으니 시시각각 이동 중에도 상황을 살펴보는 것이 좋다.

봄 · 가을철 산불방지 입산통제 기간

구분	가을철 통제기간	봄철 통제기간	기타
산림청(국유림)	11.1~12.15	2.1~5.15	-
국립공원	11.1~12.15	2.15~4.30	지리산, 한려해상, 다도해상, 월출산, 무등산
		3.2~4.30	계룡산, 속리산, 내장산, 가야산, 덕유산, 주왕산, 치악산, 월악산, 소백산, 변산반도
		3.2~5.15	설악산, 오대산, 북한산, 태백산

┌─ 아웃도어큐레이터 CHECK

◈ 등산로와 시설물 안전점검, 시설물 보수 작업, 생태계 복원을 위한 자연휴식년제 등 연중 상시 통제되는 등산로도 있으니 가급적 국립/도립/시립/군립공원 관리사무소에 직접 전화를 걸어 확인하는 것도 방법이다.

❖ 국립공원 탐방로 예약제

국립공원은 생태계 보호와 탐방객 밀집 예방을 목적으로 탐방로 예약제를 실시하는 구간이 있다. 현장에서 예약 후에 탐방이 가능한 경우도 있지만, 대부분 사전에 예약 하지 않으면 탐방이 불가능하니 사전에 꼭 예약해야 한다.

구분	탐방로 예약 구간	탐방로 예약 홈페이지
국립 공원 공단	- 지리산 : 노고단, 칠선계곡, 거림~세석 - 설악산 : 곰배골(곰배령), 흘림골 - 오대산 : 동대산 - 태백산 : 두문동재~대덕산 - 가야산 : 만물상 - 주왕산 : 절골~가메봉 - 월악산 : 옥순봉, 구담봉, 황장산 - 소백산 : 묘적령~죽령, 초암사~국망봉 - 속리산 : 도명산, 묘봉 - 북한산 : 우이령	reservation.knps.or.kr
한라산 국립공원	성판악~백록담, 관음사~백록담	visithalla.jeju.go.kr

· 일반 국립공원은 환경부 산하기관, 한라산은 제주특별자치도에서 관리하기 때문에 홈페이지가 다르다.

· 월악산 옥순봉/구담봉, 가야산 만물상 코스 등은 혼잡도가 높은 봄/가을철 위주로 예약제 운영한다.

국립공원의 경우 원칙적으로 야간 산행 금지
입산 가능 시간

국립공원은 안전상의 이유로 원칙적으로 야간산행을 금지하고 있다. 때문에 일출 산행을 계획한다면 등산로 입구에서 계절별로 입산이 가능한 시간을 확인하고, 정상과 같은 목표 지점까지 소요되는 시간과 일출 시간을 정확하게 계산하여 도전하는 것이 좋다. 또한 오후 늦은 입산은 저체온증과 조난 등의 안전사고 발생 가능성이 있으니, 가급적 오전 일찍 산에 오르는 것이 좋다.

국립공원 입산 가능 시간(국립공원공단 관리)

구분	동절기(1월~3월)	하절기(4월~10월)
설악산, 지리산, 태백산	04:00	03:00
북한산, 무등산	04:00	04:00
계룡산, 가야산, 덕유산, 소백산, 속리산, 내장산, 오대산, 월악산, 월출산, 주왕산, 치악산, 경주, 변산반도, 다도해, 한려해상	05:00	04:00

또한 저지대 탐방로, 예약제 탐방로는 입산 가능 시간이 위에 표기된 시간과 다르게 운영되는 경우도 있으며, 설악산, 지리산 고지대 탐방로는 동절기 기준 오전 10시~오전12시 이전에 통제되는 경우도 있다. 따라서 국립공원공단 홈페이지 '입산시간지정제' 메뉴에서 각 국립공원의 코스별 입산/통제 시간을 정확하게 확인해야 한다.

한라산 국립공원 입산/하산 시간

구 분			동절기 (1,2,11,12월)		춘추절기 (3,4,9,10월)		하절기 (5,6,7,8월)	
			입산 가능	입산 제한	입산 가능	입산 제한	입산 가능	입산 제한
입산	성판악	탐방로 입구	06:00~	12:00	05:30	12:30	05:00	13:00
		진달래밭통제소		12:00		12:30		13:00
	관음사	탐방로 입구		12:00		12:30		13:00
		삼각봉통제소		12:00		12:30		13:00
	영실	탐방로 입구		12:00		14:00		15:00
	어리목	탐방로 입구		12:00		14:00		15:00
		윗세오름대피소		13:00		13:30		14:00
	돈내코	탐방로 입구		10:00		10:30		11:00
하산	백록담			13:30		14:00		14:30
	윗세오름			15:00		16:00		17:00
	남벽분기점			14:00		14:30		15:00

※ 정상(백록담) 등정이 가능한 성판악, 관음사 탐방로는 새해맞이 일출산행을 하고자 하는 탐방객들을 위해 매년 1월 1일에 한하여 00시부터 예약제로 입산을 허용하고 있다.

올라가는 시간만 고려해서는 안된다
예상 소요 시간

각 홈페이지에 안내된 코스별 소요시간은 시작점에서 정상까지 편도 기준으로 안내되는 경우도 많고, 그 밖에 날씨나 동행인 여부 등에 따라 소요시간을 증감하여 계획할 수 있다. 더불어, 순수 산행시간 외에도 소요되는 추가 시간을 고려하여 이동/복귀계획을 세우는 것이 좋다.

이밖에 특정 계절에 붐비는 산일 경우 등산로가 정체될 수 있고, 정상석 대기줄도 긴점을 고려해야 한다. 버스 정류장(또는 주차장)에서 탐방로 입구까지의 거리가 꽤 먼곳도 있기 때문에 이러한 점도 반드시 고려해서 예상 소요 시간을 계획해야 한다.

┌─ 아웃도어큐레이터 CHECK ─────────────

산행 예상 소요 시간 계획 시 고려해야 할 점

첫째, 올라가는 시간만 안내되지는 않았는가?

시작점에서 정상까지의 소요 시간만 있는 경우 하산 소요시간도 고려해야 한다. 상행 코스보다 사람에 따라 20~40% 단축(초보자는 20%, 보통 사람은 30%, 내리막에 강한 사람은 40%).

둘째, 비가 오거나 눈이 오는 상황, 해빙기(땅이 녹아 질퍽거리는 상태)이지는 않은가?

등산로가 미끄럽기 때문에 20~30% 소요시간을 추가한다.

셋째, 동행인의 상황은 어떠한가?

체력이 약한 사람이 포함될 수 있고, 사진을 찍거나 휴식 중 대화를 나누는 시간이 많은점을 고려하여 반영한다.

넷째, 휴식 시간은 고려하였는가?

대부분의 코스의 소요 시간은 보통 사람 기준, 실제 이동시간 + 휴식시간을 고려하여 안내되고 있지만, 체력이 약하여 휴식이 더 필요할 경우, 예상되는 추가 시간을 반영하여 계획한다. 또한 산 위에서 식사할 예정이라면 약 30분 내외로 추가 시간을 반영하는 것이 좋다.

다섯째, 일출(일몰) 시간을 확인하였는가?

여명이 찾아올 때부터(보통 1시간 전) 해가 뜨기까지의 대기시간을 반영한다.

등산 네비게이션 지도 활용

검색창에 '산의 명칭'과 '지도'를 입력하면, 이미지 검색 결과를 통해 다운 받을 수 있다. 다만 다음과 같은 점을 확인하여 여러 가지 버전의 지도를 준비하는 것이 좋다.

아웃도어큐레이터 CHECK

지도를 볼 때 확인해야 할 점

- ✅ 이용 불가능한 등산로가 표기 되지 않았는가?
- ✅ 신규 등산로이지는 않는가?
- ✅ 여러 행정구역에 걸친 산인 경우이지 않는가?
- ✅ 난이도가 표기되어 있는가?

국립공원 지도의 경우 각 국립공원 홈페이지에서 등고선이 표기된 것과 탐방로 등급 (난이도)이 표기된 두 가지 버전을 제공하고 있다. 등고선이 표기된 지도는 해발고도와 등산로 경사도를 파악하는 데 도움이 되며, 탐방로 등급이 표기된 지도는 등산로 노면상태, 난이도, 경사도, 소요시간을 파악하기에 수월하다.

등급	매우 쉬움	쉬움	보통	어려움	매우 어려움
이용 권장대상	장애인, 임산부 등 바퀴달린 보행 수단 (휠체어, 유모차 등)	어린이, 노령자 등	등산 경험자	등산 숙련자	등산 숙련자
픽토그램					
경사도	아주 평탄	평탄	약간의 경사	심한 경사	아주 심한 경사
노면 상태	단단하고 매끈한 포장	흙길	대부분 흙으로 이루어진 길	대부분 돌로 이루어진 길	돌로 이루어진 길
필요 물품		운동화	등산화, 배낭, 물 등 가벼운 등산장비	등산화, 배낭, 물, 스틱 등 등산장비	중등산화, 배낭, 물, 스틱 등 등산장비

아웃도어큐레이터 CHECK

네이버 지도 / 카카오 맵

네이버 지도와 카카오맵 설정에서 '등산로' 옵션을 활성화시키면 해발 1천 미터가 넘는 높은산부터 해발 100m 내외의 동네 뒷산까지 등산로를 확인할 수 있다.

트랭글 위성지도와 일반 지도

등산 동호인들이 가장 많이 사용하는 앱으로 등산 경로 기록과 네비게이션 역할을 한다. 네이버 지도와 구글 지도를 베이스로 하며 일반지도와 위성지도 중 선택하여 이용할 수 있는데, 일반지도보다는 위성지도가 실제 지형을 파악하는데 도움이 된다.

등산 장비
선택 가이드

평소 착용하던 스포츠 의류에 운동화나 러닝화를 착용하고 물 한 병만 들고 산을 찾았다가 고생하는 경우가 있다. 온화한 날씨, 동네 뒷산, 1~2시간의 산행이라면 큰 불편함을 느끼지 못할 수도 있지만, 평지와 달리 산이라는 공간은 바람이 많이 불고 기온이 낮으며, 갑작스럽게 기상이 변화하는 상황도 잦기 때문에 안전하고 즐거운 산행을 위해 좀 더 많은 준비가 필요하다.

필수 준비물(사계절 공통)

☐ **등산화/트레킹화/트레일러닝화** 지형/계절/이동거리에 따라 옵션이 달라질 수 있다.

☐ **기능성 등산 의류/양말** 계절 및 해발고도에 따라 옵션이 달라질 수 있다.

☐ **등산 배낭** 원정 산행/겨울철 산행은 좀 더 넉넉한 사이즈 선택해야 한다.

☐ **식수, 간식(행동식)** 에너지 생산, 탈진/근육경련 예방, 체온 유지를 위해 필요하다.

☐ **보조배터리** 휴대폰 배터리 방전 가능성, 지도 확인, 구조 요청 등을 위해 필요하다.

☐ **응급처치키트** 출혈 같은 상황 발생 시 신속하게 조치가 가능하다.

4시간 이상 당일 산행의 경우

☐ **식사(도시락)** 충분한 에너지 공급/생산 및 탈진 예방을 위해 필요하다.

☐ **등산 스틱** 무릎 부담 완화, 신체 균형 유지, 체력 소모를 줄이는 데 도움을 준다.

일출/일몰/야간 산행의 경우

☐ **헤드랜턴** 어두운 곳에서 등산로 식별이 용이하다.

☐ **보온/방풍 의류** 체온 유지를 도와 저체온증 예방에 도움된다.

험한 산행지의 경우

☐ **장갑** 암릉이나 계단/난간/밧줄 등 인공 구조물이 많은 산행지에서 손을 보호한다.

☐ **무릎보호대** 무릎 보호 및 찰과상, 타박상 방지에 도움된다.

비가 올 경우

☐ **방수 의류 또는 우비** 신체 내부로 수분 침투를 막아 체온 유지에 도움된다.

☐ **레인커버** 배낭 및 배낭 속 내용물이 젖는 것을 방지한다.

여름 산행의 경우

☐ **해충 기피제** 모기나 벌 등을 멀리하는데 도움된다.

☐ **이온음료** 전해질 성분 보충을 통해 탈진, 근육경련, 일시병 등을 예방한다.

겨울 산행의 경우

☐ **아이젠** 눈이 내린 곳 또는 결빙 구간에서 안정적으로 보행하는 데 도움된다.

☐ **스패츠** 눈이 깊게 쌓인 구간을 걸을 때 침투 방지, 바람을 막아 체온 유지에도 도움된다.

☐ **방석/소형의자** 바닥의 한기를 차단하여 식사/휴식 중 체온 유지에 도움된다.

☐ **보온병** 식수를 그냥 가져가면 얼어서 먹지 못할 수 있다.

☐ **보온/방풍 의류** 체온 유지를 도와 저체온증 예방에 도움된다.

☐ **모자/바라클라바/귀마개** 추위를 많이 느끼는 머리와 목 부위 체온 유지에 도움된다.

☐ **핫팩** 체온 유지 및 휴대폰 방전 방지에 도움된다.

☐ **여벌 장갑/양말** 젖을 경우 교체하여 동상 예방에 도움된다.

가장 먼저 준비해야 한다 등산화

등산에 있어 가장 중요한 장비로 산을 찾을 때는 등산화나 트레킹화, 트레일러닝화를 착용하는 게 보행 안정성과 체력소모를 줄이기 위한 나은 선택이 된다. 각각의 카테고리 별로 장단점이 있으므로 개인의 상황과 산행지, 계절적 특성을 고려하여 착용하면 된다.

발목 길이	로우컷 (트레킹화/트레일러닝화)	미드컷 (경등산화)	하이컷 (중등산화)
외피/바닥창	가장 얇음	중간 두께	가장 두꺼움
무게	가벼움	중간	무거움
착용 권장 상황	정비가 잘 된 산행지	다소 험한 산행지	험한 산행지
	낮은 해발고도, 근교 낮은산 (ex. 인왕산)	중간 해발고도, 근교 해발 500m 이상의 산 (ex. 북한산, 관악산)	높은 해발고도, 해발 1,000m 이상의 산 (ex. 설악산, 지리산)
	삼계절(봄, 여름, 가을)	봄, 가을	겨울철
	맑은 날씨		눈, 비가 내릴 때

평소 발목이 잘 단련되어 있고, 균형 감각이 좋다면 로우컷 신발을 착용하고 산행을 해도 지장은 없다. 그렇지 않다면 초보자에는 일반적으로 미드컷 이상의 등산화를 권장한다

등산화 외피 가죽 소재로는 풀그레인, 누벅, 스플릿, 스웨이드 등이 있으며, 인공 소재 또는 인공+가죽 소재를 조합하여 제작하는 신발도 많다. 내피에 고어텍스가 적용된 등산화는 방수/투습 기능이 있어 눈이 쌓이거나 내린 겨울철에 진가를 발휘한다. 그러나, 여름철에는 메시 소재의 등산화 대비 통기성이 떨어진다.

아웃도어큐레이터 CHECK

보아 핏 시스템(BOA® Fit System)

산에서 신발을 끈으로 묶을 때 시간 소요가 많다는 점에서 고안된 것으로 2001년 미국 '보아사 설립자 게리 해머슬러그가 개발하였다. 다이얼을 이용하여 사용자가 빠르고 쉽게 신발을 피팅을 할 수 있도록 설계된 장치이다.

- 다이얼 조절만으로 신발을 빠르게 신고 벗을 수 있다.
- 장갑을 착용한 상태에서도 다이얼 조절이 가능하다.
- 산행 중에 느슨해지면 여러 번 다시 조여 줘야 한다.
- 와이어가 끊어지거나 다이얼이 고장 나면 대처가 어려울 수 있다.

아웃도어큐레이터 CHECK

방수 VS 비방수 등산화 선택

- 국내 시장에 출시된 미드컷, 하이컷 등산화는 방수 멤브레인이 적용된 제품이 많은 데, 주로 고어텍스가 적용되어 있으며, 자체 생산한 멤브레인을 적용하기도 한다.
- 방수 멤브레인이 적용되면 신발의 가격이 상승한다.
- 평소 발에 땀이 많이 나고, 맑은 날에 짧은 거리의 산행만 즐길 것이라면 비방수 등산화를 선택해도 상관없다.

아웃솔(밑창)

지면과 직접 닿는 아웃솔은 마찰력을 확보하여 보행 안정성을 높여주고, 돌이나 나무 뿌리 등 바닥의 요철로부터 전해지는 충격을 흡수하여 피로도를 감소시키는 역할을 한다. 신발 밑창의 디자인 패턴과 깊이, 재질(화합물질 추가) 등에 따라 견인력과 접지력에서 차이를 보인다. 일반적으로 밑창이 부드럽고, 러그의 표면적이 좁고 촘촘할수록 건조한 바위에서 견인력과 접지력이 우수하며, 밑창이 단단하고, 러그의 간격이 넓고 깊을수록 마른 흙/진흙/눈길 등에서 견인력과 접지력이 우수하고 충격 흡수 능력이 좋다.

구분		성능
밑창의 강도	부드러움	- 건조한 바위에서 접지력 우수 - 마사토, 자갈 등이 있는 급경사에서 견인력 불충분 - 기온이 낮으면 딱딱해지고, 습기에 취약(부식 가능성) - 빠르게 마모
	단단함	- 단단한 지표면에서 견인력 우수 - 건조한 바위에서 접지력 불충분 - 천천히 마모
러그	크기가 크고 개수가 적고 깊이가 깊음	- 흙, 진흙, 눈길 등 부드러운 지형에서 견인력 우수 - 건조한 바위에서 접지력 불충분
	크기가 작고 개수가 많고 깊이가 얕음	- 건조한 바위에서 접지력 우수 - 마사토, 자갈 등이 있는 급경사에서 견인력 불충분

	부드럽고 러그가 촘촘하고 많음	부드럽고 양쪽 사이에서 절충	단단하고 러그 간격이 넓고 깊음
아웃솔 디자인			

추천
용도
	- 건조한 날씨에 급경사 암릉
	- 단거리~중거리 산행
	- 저지대 짧은 근교 산행
	- 봄, 여름, 가을철
	- 체중이 가벼운 분
		- 사계절 전천후 멀티 용도
		- 마른 흙, 진흙, 마사토,
		  자갈 등 다양한 지표면
		- 초보자 입문용
		- 평균 체중
			- 중거리~장거리 산행
			- 급경사 구간이 없는
			  흙산, 바위산
			- 겨울철/해빙기/우중 산행
			- 체중이 많이 나가는 분

착용 지양	- 장거리 산행, 겨울철 - 습한 날씨(비나 눈 내릴 때)		- 급경사 암릉

사계절의 날씨와 기후에 적합하고, 모든 지형에서 절대 미끄러지지 않는 완벽한 등산화는 존재하지 않지만, 각 상황 별로 좀 더 나은 성능을 발휘하는 등산화는 있다. 따라서, 경제적 여건이 된다면 여러 켤레의 등산화를 구입하여 상황에 따라 번갈아가며 착용하는 것을 권장한다.

┌─ 아웃도어큐레이터 CHECK

견인력과 접지력의 차이

'견인력(Traction)'과 '접지력(Grip)'은 모두 마찰력을 나타내는 용어로 해외에서는 구분하여 사용하고 있지만, 국내에서는 두 단어를 '접지력'으로 통칭하여 부르는 경향이 있다. 이 차이를 잘 이해하고 등산화를 선택할 수 있도록 한다.

	공통점	차이점
Traction	미끄러지지 않는 능력(마찰력)	앞으로 나아갈수 있는 힘 → 추진력
Grip		잘 달라붙는 능력 → 고정력

소재와 역할에 따라 선택한다 **등산 의류**

등산 중에 기상 조건, 활동의 강도, 활동의 종류 및 기후 변화에 따라 유연하고 민첩하게 대응할 수 있는 방법은 레이어링 시스템(Layering System)이다. 소재, 보온성, 무게, 두께 등에 따라 잘 선택하여 착용해야 한다.

베이스 레이어

- **선택 기준** 수분 흡수 및 통기성, 빠른 건조, 냄새 저항, 촉감
- **주요 소재** 폴리에스터, 메리노울, 나일론

미드 레이어

- **선택 기준** 보온성, 통기성(투습), 무게와 두께
  추가 보온이 필요하여 보온쉘(패딩) 레이어링을 추가할 경우에는 필파워(압축, 복원력), 충전재 비율, 보호(발수 처리), 핏(fit) 등도 고려한다.
- **주요 소재/제작방식** 플리스, 메리노울, 보온쉘
- **두께와 무게** 경량급(100~200g) 중량급(200~400g) 헤비급(400g~)
  다운의 성능을 평가하는 핵심 기준은 필파워(Fill Power)인데 필파워란 다운 1온스(28g)를 24시간 압축한 후 압축을 풀었을 때 부풀어 오르는 복원력(Loft)를 의미한다.

천연 충전재와 인공 충전재 비교

천연 충전재(다운, 패딩)		인공 충전재
구스다운	덕다운	
• 인공 충전재 대비 보온력 우위 • 가격이 높음(구스다운이 덕다운 대비 ▲) • 습기에 취약(수분에 젖을 경우, 복원력▼ 보온성▼) • 압축/복원력 우수(다운＞인공, 구스다운＞덕다운) • 세탁 시 뭉치는 현상		• 보온력이 상대적으로 약함 • 상대적으로 저렴 • 습기에 노출되도 보온성 유지 • 세탁 용이함 • 시간이 지남에 따라 복원력 감소

─ 아웃도어큐레이터 CHECK

소프트쉘과 하드쉘의 차이

과거에 겨울용 아우터는 크게 하드쉘과 보온쉘 자켓(천연/합성 충전재+방수/방풍 기능
의 외피)으로 구분되었다. 1990년대 초부터 기존의 '하드쉘(Hard-Shell)' 자켓보다 더 유
연하고 통기성이 뛰어난 새로운 유형의 재킷을 구분하기 위해 '소프트쉘(Soft-Shell)'이
라는 용어가 사용되기 시작했고, 스위스에 본사를 둔 세계적인 섬유업체 쉘러사가 2001
년부터 사용하면서 널리 통용되고 있다.

아우터

- **선택 기준** 보호능력(비/눈/바람/한기로부터 신체 보호)
- **주요 역할** 발수(수분을 튕겨내는)/방수(수분을 막아내는)/방풍(바람을 막아내는)/투습(습기를 통과시키는)
- 하드쉘보다 유연성과 통기성이 좋은 소프트쉘은 겨울산행 뿐만 아니라, 삼계절(봄/가을/여름), 다양한 아웃도어 활동과 일상복으로 활용도가 높아 국내외적으로 선호되는 추세이다.

특징	소프트쉘		하드쉘
	스트레치 우븐	멤브레인	
방풍	보통	우수	매우 우수
발수/방수	보통	우수	매우 우수
통기성/투습력	우수	양호	보통
무게	스트레치우븐 소프트쉘 > 멤브레인 소프트쉘 > 하드쉘		
포장 용이성	보통	보통	우수
착용 상황	건조하고 맑은 날씨, 약한 비/눈(단시간)		강한 비/눈(장시간)
착용감	편안한, 부드러운		약간 불편함, 딱딱한
보온성	좋음	양호	낮음
가격	보통	비쌈	매우 비쌈
레이어링 용도	미드레이어, 아우터	미드레이어+아우터	아우터

※ 위 내용은 저자가 생각하는 카테고리 별 제품 특성에 대한 상대적 평가이며, 실제 제품에 따라 각 특성에 차이가 있을 수 있다.

상황에 따른 레이어링 방법 예시(상의 기준)

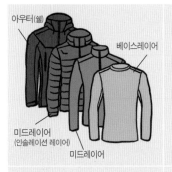

아우터(쉘)
베이스레이어
미드레이어
(인솔레이션 레이어)
미드레이어

보온쉘   미드레이어   베이스레이어

- 기상 상황, 산행 강도에 따라 유연하게 대응할 수 있는 레이어링 방식
- 상황에 따라 입고 벗으며 체온조절, 땀배출에 유리(평소 땀이 많이 나는 사람에게 유리한 방식)

- 기상 변화가 크지 않고 기온이 매우 낮을 때 취할 수 있는 레이어링 방식
- 미드레이어의 주기능(보온)과 아우터의 주기능(방풍/방수)이 결합된 보온쉘 자켓 착용으로 부피와 무게 최소화 가능

☑ **춥지 않고, 비/바람 없으며, 더운 날씨**
베이스레이어

☑ **춥지만 비/눈/바람이 없을 때**
베이스레이어   미드레이어

☑ **춥지 않으며 비/눈/바람이 있을 때**
베이스레이어   아우터

☑ **다소 추운 날씨에 비/눈/바람이 있을 때**
베이스레이어   미드레이어   아우터

☑ **매우 추운 날씨에 비/눈/바람 등 악천후 발생**
베이스레이어(두 겹)   미드레이어(두 겹)   아우터

계절에 따른 추천 소재

계절	상황/니즈	추천 소재
봄/가을	쌀쌀하고 서늘한 날씨에 약간의 보온 기능이 있으며, 너무 무겁지 않으면서도 수분을 잘 흡수	(보통 두께의)고성능 폴리에스터, 메리노울, 메리노울 비중이 높은 혼방 소재
	봄비/가을비가 내리는 쌀쌀한 날씨, 고지대 산행	
여름	무덥기 때문에 시원하고 가벼운 소재에 대한 니즈 높음	(두께가 얇은)폴리에스터, 메리노울, 폴리에스터+메리노울 혼방, 실크
	땀이 많이 나서 악취 발생에 신경 쓰임	메리노울
겨울	땀을 빠르게 흡수하고 통기성이 좋으며, 보온 효과를 기대	(두께가 두꺼운)고성능 폴리에스터, 메리노울, 메리노울 혼방 소재
	빠르게 마르고 약간 젖어도 따뜻함을 잃지 않으며, 냄새 발생을 원치 않을 때	메리노울+실크 혼방
	빠르게 이동하는 고강도 산행, 땀을 많이 흘릴 때	폴리프로필렌

'면'은 젖으면 단열 특성을 잃고, 수분을 흡수하고 그대로 유지하는 특성이 있다. 아웃도어 활동 중에 저체온증을 유발할 수 있어 베이스레이어 소재로 권장하지 않는다.

기능성 양말이 필요한 이유 **등산 양말**

등산화 사이즈와 스타일에 따라 두께와 길이를 선택한다. 좋은 등산 양말은 발에 꼭 맞지만 너무 조이는 압박감이 느껴지지 않아야 하며, 물집이나 물편함을 유발하지 않도록 부피가 큰 솔기(봉제 처리된 부분)가 없거나 미끌리지 않아야 한다.

아웃도어큐레이터 CHECK

등산 양말 선택 가이드

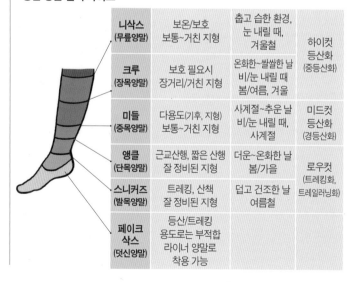

니삭스 (무릎양말)	보온/보호 보통~거친 지형	춥고 습한 환경, 눈 내릴 때, 겨울철	하이컷 등산화 (중등산화)
크루 (장목양말)	보호 필요시 장거리/거친 지형	온화한~쌀쌀한 날 비/눈 내릴 때 봄/여름, 겨울	
미들 (중목양말)	다용도(기후, 지형) 보통~거친 지형	사계절~추운 날 비/눈 내릴 때, 사계절	미드컷 등산화 (경등산화)
앵클 (단목양말)	근교산행, 짧은 산행 잘 정비된 지형	더운~온화한 날 봄/가을	로우컷 (트레킹화, 트레일러닝화)
스니커즈 (발목양말)	트레킹, 산책 잘 정비된 지형	덥고 건조한 날 여름철	
페이크 삭스 (덧신양말)	등산/트레킹 용도로는 부적합 라이너 양말로 착용 가능		

산행 중 에어백 역할 등산 배낭

등산용 배낭은 산에 꼭 챙겨 가는 것이 좋다. 배낭이 없다면 주요 물품을 손에 들고 다녀야 하는데, 넘어질 경우에 대비가 어려워 큰 부상으로 이어질 수 있기 때문이다. 산에서 미끄러지거나 넘어질 경우 등 만약의 상황에서 에어백 역할을 하여 머리/목/허리 등을 보호해주는 역할도 한다. 배낭은 간식과 식사, 식수, 의류 등을 수납을 고려하여 넉넉한 사이즈의 제품을 고른다. 어깨와 허리 벨트 등의 사이즈가 맞지 않으면, 보행 중에 불편하고 균형을 유지하기 어려우며, 불필요한 에너지 낭비가 있을 수 있어 직접 착용해보고 불편함은 없는지 점검한 이후에 산행을 나서는 것이 좋다.

구분	티어드롭형	후드형
	보통 프레임리스 구조	보통 프레임 구조
외관		
수납 용량	30리터 미만 제품이 많은 편	30리터 이상 제품이 많은 편
주요 특징	배낭의 약 2/3 정도를 지퍼를 통해 개폐 가능	배낭을 지지하는 프레임이 내부에 설치

장점	• 가볍다 • 지퍼를 열고 물건을 꺼내기가 쉽다. • 배낭의 전체 무게(물품 포함)가 적게 나간다. • 무릎과 허리에 가해지는 부담이 적다.	• 무겁다 • 많은 양의 물품을 수납할 수 있다. • 추가적인 수납 용량 확보가 가능하다. (후드 부위가 위로 확대되며 추가 수납 가능)
단점	• 지퍼가 저절로 열려 물건이 쏟아질 수 있다. • 수납 용량이 부족할 수 있다.	• 물품을 층층이 쌓아 올리기 때문에 넣고 꺼내는 게 불편하다. • 배낭의 전체 무게(물품 포함)가 많이 나간다.
권장 용도	• 경량 하이킹 • 당일 근교 산행 • 종주 산행(짐을 최소화한) • 3계절 산행(봄/여름/가을) • 중간 보급 가능한 장거리 트레킹 (코스 중간에 편의점/식당 有)	• 당일 산행 • 단거리~장거리까지 커버 • 1박 2일 이상 산행(대피소 포함) • '겨울'을 포함한 4계절 산행 • 식수/음식 등 중간 보급이 불가능한 장거리 트레킹 • 백패킹, 국내/해외 여행

┌─ 아웃도어큐레이터 CHECK

레인커버

등산 배낭은 일반적으로 폴리우레탄 코팅이나 TPU 필름 등을 사용하여 방수 처리가 되어 있다. 그럼에도 지퍼나 다양한 부품이 결합되는 지점 또는 천이 낡거나 방수 성능이 부족할 경우, 비나 눈이 내리는 환경에서 내부로 수분이 침투할 수 있기에 레인커버를 구비해 두는 것이 좋다.

구입TIP 배낭 구입 시에 함께 포함되어 판매되는 경우가 일반적이지만, 제조사나 제품에 따라 별도로 구입해야 하는 상황에는 배낭 사이즈에 맞게 구비한다.

필요한 에너지원을 충전한다 식수/행동식

계절과 날씨를 고려하여 행동식(간식)을 준비한다. 봄/가을은 비교적 온화한 날씨로 음식 준비를 다양하게 시도할 수 있으며, 꾸준히 에너지를 공급할 수 있도록 준비한다. 여름과 같이 더운 날씨에는 탈수 방지를 위해 충분한 수분 섭취와 전해질 보충이 필요하며, 상하지 않고 녹지 않는 음식을 준비한다. 추운 겨울에는 칼로리가 높고, 얼지 않으며, 따뜻하고 간편하게 먹을 수 있는 것으로 준비하는 것이 좋다. 국제산악연맹(UIAA)에서는 산행 중 2~3시간 마다 음식물을 섭취하고, 배고프거나 목이 마르지 않더라도 조금씩 먹고 많이 마시도록 권장하고 있다.

양갱   에너지바   견과류

말린 과일   바나나

국립공원 친환경 도시락 서비스

❧ 도시락을 직접 준비하는 것이 부담된다면 일부 국립공원에서 실시 중인 '친환경 도시락(내 도시락을 부탁해)' 서비스를 이용해 봐도 좋다. 소백산, 치악산, 내장산, 오대산, 설악산, 주왕산, 태백산, 도봉산에서 실시 중이다.

❧ **이용 방법**

- 카카오톡 채팅에서 '내도시락을 부탁해' 검색, 국립공원 선택 후 채널 추가한다.

- 안내에 따라 필요내용(방문 날짜, 시간, 인계 장소) 답장한다.

- 이용 하루 전까지 예약한다. (공원별 주문 마감시간 상이)

- 메뉴, 수량에 맞게 입금하면 주문이 완료된다.

- 지정된 인계 장소에서 도시락 수령, 등산 후 지정장소에 반납한다.

    ※도시락 구성은 계절, 현지 수급 사정에 따라 변동될 수 있다.

자세한 이용 방법은 각 국립공원 홈페이지를 참조하면 된다.

산야초 도시락 - 8,000원
■ 더덕무침, 묵나물, 고춧잎나물, 고사리나물, 무생채, 열무김치, 무장아찌, 오이무침 등 다양한 산채·나물이 있는 도시락
●계절 및 식당 여건에 따라, 일부 나물이 바뀔 수 있습니다. (열무김치→배추김치, 돈까스 등)

수령 및 반납장소
■ 주소 : 충북 제천시 수산면 옥순봉로 815 산야초영농조합

체중을 분산시킨다 등산 스틱

무릎에 가해지는 부담을 감소시켜 주기 때문에 표준 체중 대비 무게가 많이 나가거나, 배낭의 무게가 무겁다면 반드시 사용하는 것이 좋다.

스틱 부위와 명칭

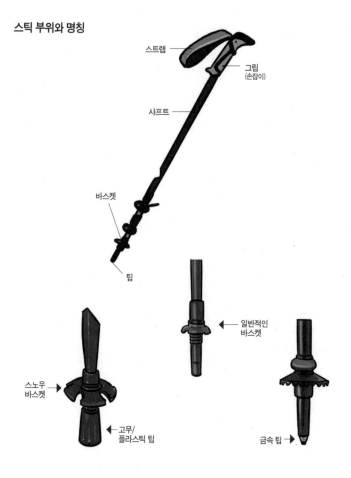

조립 방식(트위스트, 텔레스코핑, 접이식)

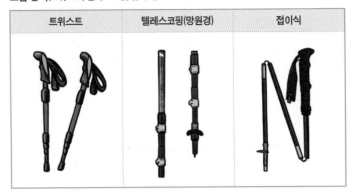

트위스트	텔레스코핑(망원경)	접이식

올바른 등산 스틱 사용법

스틱은 평지와 오르막, 내리막 등 지형에 맞게 길이를 조정해야 최적의 성능을 발휘할 수 있다. 평지에서 가장 이상적인 길이는 팔꿈치 90°로 조절하는 것이며, 오르막/내리막에 따라 5~10cm 조절하여 착용해야 한다.

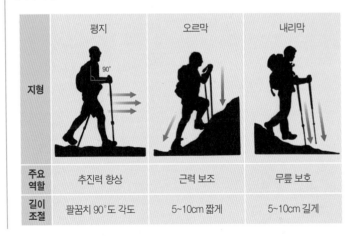

	평지	오르막	내리막
지형			
주요 역할	추진력 향상	근력 보조	무릎 보호
길이 조절	팔꿈치 90°도 각도	5~10cm 짧게	5~10cm 길게

등산 스틱 스트랩 사용법

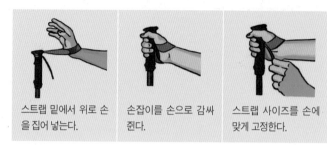

스트랩 밑에서 위로 손을 집어 넣는다.	손잡이를 손으로 감싸 쥔다.	스트랩 사이즈를 손에 맞게 고정한다.

등산 스틱의 소재는 알루미늄, 티타늄, 카본이 있으며 무게, 강도, 가격에 따라 그 특성이 다르니 신체 조건, 사용 목적에 따라 고르는 것이 좋다.

무게	무거움	← 두랄루민(알루미늄 합금) 티타늄 카본	가벼움
강도	약함	카본 두랄루민(알루미늄 합금) 티타늄 →	강함
가격	저가	← 두랄루민(알루미늄 합금) 카본 티타늄	고가

신체 조건과 사용 목적에 따른 소재 추천

몸무게	키/체격	다리 근력	균형감각	산행 목적	추천 소재
가벼움, 보통	보통, 작은 편	강함	높음	가벼운 근교 산행, 단거리 트레킹, 경량 하이킹	카본
과체중, 비만	큰 편	약함	낮음	험한 지형, 장거리 트레킹, 겨울철/우중 산행	두랄루민(알루미늄 합금)

오랜 산행을 위한 정비 무릎 보호대

무릎 부상 예방, 운동 능력 향상으로 착용하지만 장시간 착용할 경우 무릎 주위 근육과 인대 등을 약화 시킬수 있기 때문에, 등산 용도로는 벨크로나 밴드형이 더 나은 선택이다. 강력한 무릎 보호를 원할 경우 '슬개골 폐쇄형', 무릎을 지지하면서도 보다 나은 움직임과 통기성을 원할 경우에는 '슬개골 오픈형' 무릎보호대를 선택하면 된다.

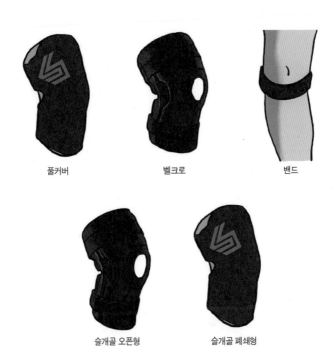

풀커버   벨크로   밴드

슬개골 오픈형   슬개골 폐쇄형

야간 산행의 필수품 헤드랜턴

조명의 성능이 좋을수록 배터리와 스트랩 등의 고정 장치 무게가 더해져, 무게가 증가한다. 브랜드와 모델에 따라 차이가 있지만, 일반적으로 빛의 양을 측정하는 단위인 루멘(lumen) 수치가 올라가고, 배터리 출력이 더 강력할수록, 또는 기능이 많아질수록 가격도 비싸진다. 그중에서도 루멘 수치와 배터리 용량이 판매가격에 큰 영향을 끼친다.

1스트랩 방식

• 쉽게 착용할 수 있다.
• 크기가 작고 가볍다.
• 단거리~중거리, 잘 정비된 지형 추천

2스트랩 방식

• 움직일 가능성이 적다.
• 무겁고 부피가 크다.
• 장거리, 불규칙한 지형 추천

아웃도어큐레이터 CHECK

헤드랜턴 구매 가이드

극단적인 날씨나 험한 지형에서 산행을 자주 한다면 더 비싸고 튼튼한 헤드렌턴이 필요할 수 있다. 꼭 그렇지 않더라도 개인의 선호에 따라 비싼 제품을 구입할 수도 있다. 하지만 등산에 입문한 지 얼마 되지 않았거나, 짧은 시간 동안 온화한 날씨에 도심 근교에서만 야간 산행을 즐길 것이라면, 굳이 비싼 제품이 필요하지는 않다.

고려할 점 1 각 상황별 필요한 루멘 수치

헤드랜턴의 밝기는 '루멘'이라는 지표로 나타내는데 햇빛이 전혀 없는 상황에서의 야간 산행을 고려한다면, 최소 200루멘 이상의 제품을 고르는 것이 좋다.

20~150 텐트 내부에서 독서 / 80~100 산책 / 100~200 캠핑 / 100~300 도시 주변 등산 / 300~600 산악 지대 등산

고려할 점 2 **배터리 종류**

헤드랜턴에 사용되는 배터리는 흔히 알카라인 건전지로 불리는 '일회용 AAA를 교체하는 방식', '충전식 배터리', 'AAA or 충전식 배터리 겸용'으로 사용할 수 있는 세가지 방식이 있다. 건전지 방식은 저렴하고, 쉽게 교체 가능하지만 용량이 적고 배터리 수명이 짧다는 단점이 있으며 충전식은 용량이 크고 오래 지속되지만, 산행 중 방전되면 대처가 어렵다는 점이 있다. 계획하는 산행 시간에 따라 적합한 것으로 고른다.

고려할 점 3 **방수 기능**

습하거나 비나 눈이 내리는 조건에서도 산행을 할 계획이라면 방수 기능이 있는 제품을 고려해야 한다. 최소 IP4 이상의 제품을 고르는 것이 좋다. 보통 'IP 숫자'로 표기하면 해당 숫자는 방수 등급을 나타내며, 'IP 숫자+숫자'로 표기될 경우에는 앞의 숫자는 방진 등급을 의미한다.

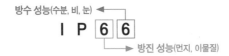

방수 성능(수분, 비, 눈) ◄─────┐
I P 6 6
                    └───► 방진 성능(먼지, 이물질)

┌─ 아웃도어큐레이터 CHECK ──────────────

올바른 헤드랜턴 사용법
일부 헤드랜턴에는 야간 시야 확보를 위한 적색광(파란색 or 녹색도 있음) 모드가 있다. 적색광 모드는 백색광 모드보다 벌레를 덜 유인하며, 휴식 중에 상대방의 눈을 부시게 하지 않는 상태에서 배낭에서 물건을 찾을 때 도움이 된다.

안전성을 확보한다 아이젠

'아이젠'은 시중에 다양한 형태로 출시되어 있다. '크램폰'은 경사가 심한 빙벽 등반이나 얼음 구간을 오를 때 사용된다. 일상에서 착용할 수 있는 '도심형 아이젠(밴드형)'도 있지만, 우리나라의 산악 지형에서는 적합하지 않다. 워킹 등산 용도로 가장 적합하고 인기가 높은 형태는 체인형 아이젠이다.

도심형 아이젠(밴드형)

체인형 아이젠(짚신형)

아웃도어큐레이터 CHECK

겨울철 필수품 '아이젠'

아이젠은 마찰력을 증가시켜, 미끄러운 표면에서 보행 안정성을 확보해주며, 신발이 눈 속에 깊이 빠지지 않도록 하여, 보행의 추진력을 높여준다. 체인형 아이젠은 피크수에 따라 종류가 나뉜다. 각 형태별 차이가 있으니 비교하여 구비한다.

	피크수 적음	피크수 많음
예시	8P(피크 8개)	23P(피크 23개)
무게	가벼움	무거움
보행안정성	다소 떨어짐	우수
피로도	피로도 높음	피로도 적음

여름 산행 필수품

자외선 지수가 높아지는 여름철에는 이에 대한 대비도 필요하다. 미국 국립 보건원 (National Institute of Health)에 따르면 해발고도가 300m 높아질 때마다 자외선 강도가 약 4% 증가한다고 한다. 즉, 정상부 높이가 약 해발 1,500m 수준인 강원도권의 오대 산, 태백산, 함백산, 계방산 정상부는 평지보다 20% 이상 자외선 강도가 높다. 따라 서, 선크림이나, 선글라스 등을 반드시 준비하는 것이 좋다.

모자   멀티스카프

팔토시   선글라스

아웃도어큐레이터 CHECK

일사병과 열사병

일사병은 더운 환경에서 염분과 수분이 소실되어 발생하며, 체온이 37~40도까지 상승 하는 질환이다. 40도 이상의 높은 체온, 뜨겁고 붉고, 건조하거나 축축한 피부, 빠르고 강한 맥박, 두통, 현기증, 메스꺼움 증상 등이 나타난다면 열사병이다. 더위를 먹은 것 인데 만일 등산 중 이러한 증상을 겪을 경우 우선 그늘진 시원한 장소로 옮긴다. 옷을 느슨하게 하고 몸에 시원한 물을 적셔 열기를 가라앉히도록 한다. 의식이 혼미한 열사 병 상태라면 신속한 응급처치가 필요하며, 병원으로 후송해야 한다.

겨울 산행에 도움 되는 장비

겨울철 산행에서 다른 계절보다 체온 관리의 중요성이 높아진다. 체온이 제대로 유지되지 않으면 저체온증 증상을 불러일으킬 뿐만 아니라, 심각하면 사망에 이를 수도 있기 때문이다. 낮은 기온 뿐만 아니라 땀과 강한 바람이 저체온증과 동상을 유발할 수 있다. 그래서, 겨울철 산행에서는 신체에서 땀이 최대한 발생하지 않고, 의류와 장비(ex 장갑)가 젖지 않도록 조치하는 것이 중요하다.

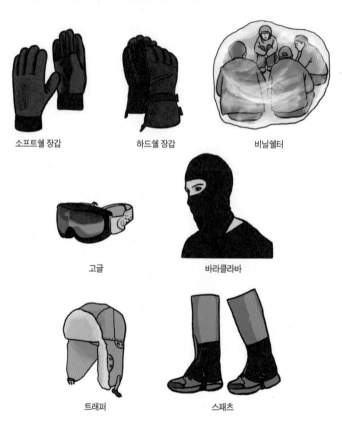

소프트쉘 장갑   하드쉘 장갑   비닐쉘터

고글   바라클라바

트래퍼   스패츠

기온감률과 체감온도

해발고도가 0m에 가까운 제주 시내의 기온을 0℃, 보통의 대기 상태라고 가정하면, 기온감률에 따라 한라산 정상 백록담(해발1,947m)의 기온은 영하 12.7℃로 매우 추운 상태이다. 따라서, 제주 시내 기준으로 복장 준비를 하고 한라산에 오르면 위급상황을 겪을 수 있다. 또한 산의 정상부는 보통 바람이 강하게 부는 경우가 많은데, 이러한 상황에서 오랜 시간 산행을 하다 보면 정말 위험한 상황에 놓일 수 있다.

'체감온도'는 바람에 의해 피부에 느껴지는 온도를 의미하는데, 바람이 강하게 불어 체감온도가 낮은 상태에서는 저체온증이 찾아와 사망에 이를 수도 있기 때문에 주의가 필요하다. 체감온도는 보통 바람이 초속 1m (1m/s)로 불 때마다 1~1.5℃ 떨어지게 된다는 것을 염두해야 한다.

함께 오르면 더 즐겁다

등산 동행 구하기,
산행지 이동 방법

다른 취미와 달리 등산은 개인의 성향에 따라 다양한 선택지가 있다. 큰 비용을 들이지 않고 체력 단련, 다이어트 목적으로 도전할 것이라면 혼자, 근교 산행을 추천한다. 등산에 대해 본격적으로 재미가 들리고 취향이 통하는 사람들과 어울려 새로운 산행지를 찾아 도전하고 싶다면 등산 동호회나 여행사를 통하는 것도 좋은 방법이다. 지방 산행지를 찾게 된다면 복잡한 일상을 벗어나 새로운 지역을 알아가는 여행의 재미도 느낄수 있다.

혼산

👤 적정 인원 1명

✅ 체력 수준에 따라 페이스를 조절하기 수월하다.

✅ 산을 오르다 힘이 들거나 경치가 예쁜 곳에서는 오래도록 쉬어갈 수 있다.

✅ 혼자 산행을 즐기려면 사전에 최소한의 학습이 필요하다.

✅ 인적이 드물거나 집에서 먼 산행지를 찾아 나설 경우엔 최악의 상황(부상, 조난, 범죄 등)에 대비하여 꼭 지인들에게 알리고 가는 것을 권장한다.

👍 적합한 산행지 거주지 인근 산, 평소에도 사람이 많은 산

등산 동호회

적정 인원 6~20명

- ✅ '등산'이라는 취향이 비슷한 사람들과 즐겁게 산행을 즐길 수 있다는 장점이 있다.
- ✅ 산행 거리와 시간, 난이도, 계절과 시기를 고려하여 운영진이 산행 계획을 수립하기 때문에 본인의 체력 수준과 일정에 맞는 산행을 신청하면 된다.
- ✅ 일반적인 등산 동호회는 무료로 운영된다.
- ✅ 등산 장비 등을 고르는 요령 등 정보도 공유받을 수 있고 부상이나 위험한 상황에 처했을 때 도움을 받을 수 있다는 이점이 있다.
- ✅ 서로 대화하고 응원하며 산에 오르다 보니 지루하지 않고, 중도에 쉽게 포기하지 않게 된다.

👍 **적합한 산행지** 바위나 암릉, 갈림길이 많은 산(ex. 북한산, 관악산), 100대 명산

소규모 그룹 산행

적정 인원 3~5명

- ✅ 동호회 구성원보다는 내적 친밀감이 높다.
- ✅ 서로에 대한 배려심이 부족하고 '결'이 맞지 않을 경우엔 다시는 함께 등산하고 싶지 않을 정도로 분란이 발생할 수 있으니 리딩자를 잘 도와 서로 배려하며 산에 오를 수 있도록 해야 한다.

여행사 / 가이드투어

적정 인원 10~20명

- ✅ 여행사/여행플랫폼에서 운영하는 산행 프로그램에 유료로 비용을 지불하고 참가한다.
- ✅ 전문성이 있는 가이드가 전 일정을 책임지고 역사/지리/생태/문화 등 다양한 해설을 진행하기 때문에 알차게 산행을 즐길 수 있다.
- ✅ 일회성 만남의 성격이 강한 편이기 때문에 심적인 부담 없이 프로그램에 참여할 수 있다.

아웃도어큐레이터 CHECK

아웃도어큐레이터 등산/트레킹 프로그램에 참여하려면!

- 국내 최대 액티비티 플랫폼 '프립'에서 서울권 야간산행 및 근교 산행을 고정적으로 진행하고 있다.
- 등산/러닝 전문 플랫폼 페어플레이에서 지방 버스 산행(ex. 100대 명산, 눈꽃산행)을 고정적으로 진행하고 있다.
- 아웃도어 브랜드 및 공공기관 행사, 해외트레킹(하나투어) 등 비정기적인 산행은 SNS(인스타그램, 블로그)를 통해 공지하고 있다.

산악회/여행사 버스

(적정 인원 **20명 이상**)

- 거주지에서 먼 지방으로 산행을 계획하고 있다면 산악회나 여행사 버스 상품을 이용하는 게 시간과 비용 측면에서 효율적이다.
- 서울과 수도권, 부산, 대구, 광주 같은 대도시 위주로 운영되고 있으며, 네이버나 다음 카페를 통해 모객 하는 곳이 다수이다.

아웃도어큐레이터 CHECK

안내 산악회

일회성 모임 성격이 있어서 정규 모임이 부담스럽다면 선택해 볼 수 있다. 산행지 구성이 다채로운 편으로 골라 선택할 수 있으며 주로 서울 및 수도권, 광역시 위주로 분포되어 있다. 다만 이동 과정만 안내하고, 산에서는 리딩하지 않는다.

열차를 타고 가는 낭만 산행

👍 **대표 산행지** 민둥산, 호명산, 울산 신불산 등

산행지와 접근성이 다소 떨어지긴 하지만 봄/가을철 나들이 성수기에 이용하기 좋다. 겨울철에는 눈이 내렸을 때 비교적 안전하고 신속하게 이동할 수 있다. 눈이 내린 직후에 제설작업이 지연되거나 도로가 결빙될 경우 이동에 어려움이 있는 상황에서 이용하면 좋다.

기차로 찾을 수 있는 주요 산행지

접근성 매우 우수(교통수단 환승 불필요)		접근성 우수(교통수단 환승 필요)	
산행지	해당역	산행지	해당역
민둥산	민둥산역	소백산	단양역, 풍기역
오서산	광천역	태백산	태백역
소요산	소요산역	함백산	고한역
호명산	청평역, 상천역	구례구역	지리산
괘방산	정동진역	삼악산, 검봉산	강촌역
천마산	천마산역	가야산(예산,서산)	삽교역, 예산역
고대산	신탄리역	용봉산	홍성역
금병산	김유정역	금오산	구미역
예봉산, 예빈산	팔당역	신불산(간월재)	울산역
운길산	운길산역	경주 남산	신경주역
		동악산	곡성역

서울에서 들머리까지,
직통 운영하는 고속버스/시외버스

👍 대표 산행지 지리산, 설악산

현지에 도착해서 버스나 택시로 환승한 뒤 들머리까지 이동해야 한다는 단점이 있다. 하지만 사람들이 많이 찾는 설악산이나 지리산은 서울에서 들머리까지 직통으로 운행하는 버스가 있으므로 이용을 고려해 봐도 된다. 봄/가을철 등산 성수기에는 일찍 매진되기 때문에 서둘러 예약해야 한다.

구분	터미널	도착지	산행 목적(코스)
설악산	동서울버스터미널	오색, 한계령	대청봉, 서북능선
지리산	동서울버스터미널	성삼재	노고단, 지리산 종주
	동서울버스터미널	백무동	천왕봉, 지리산 종주
	서울남부터미널	중산리	천왕봉, 지리산 종주

인구가 많은 서울을 제외하면 다른 대도시에서 지리산과 설악산 같은 명산이나 100대 명산을 다이렉트로 오가는 고속/시외버스 노선은 거의 없다. 그래서 산행지 주변 중소도시(ex. 지리산은 진주터미널, 설악산은 속초터미널) 터미널로 우선 이동한 다음, 해당 터미널에서 산행지로 가는 시내/시외버스나 택시를 이용해야 한다. 고속/시외/시내버스 모두 배차간격이 대체로 긴 편이기 때문에 산행 예상시간과 함께 고려하여 스케줄을 계획해야 불필요한 시간 낭비가 없다.

배를 타고 섬 산행지로 향하는 방법, 선박

👍 대표 산행지 울릉도, 통영 사량도 등

과거에 섬 산행지로 인기가 많았던 강화 석모도, 군산 선유도 같은 곳들은 육지화되어, 아쉽게도 더 이상 배를 타지 않고도 접근할 수 있는 곳이 되었다. 육지와 가까운 섬들은 연륙교가 앞으로도 계속 놓이게 되면서, 배를 타고 갈 일이 없어지겠지만, 여전히 울릉도 성인봉, 통영 사량도 등은 섬 산행지로 인기가 있다. 섬에 있는 산은 육지에 있는 명산보다는 해발고도가 대체로 낮은 편이지만, 특유의 매력이 있다. 산과 바다를 함께 즐길 수 있다.

아웃도어큐레이터 CHECK

섬 산행 시 고려해야 할 점

❤️ '가보고 싶은 섬' 앱, 각 선박회사 홈페이지를 통해 항구 시간 확인

❤️ 들어가는 배편, 나오는 배편 시간 확인

❤️ 기상악화로 선박이 운행되지 않을 수 있으므로 넉넉하게 일정을 고려해야 한다.

먼 지방 산행도 당일치기를 가능하게 만든 비행기

한라산을 찾으려면 최소 1박 2일에서 2박 3일 일정을 권장하지만, 시간 계획을 잘 세운다면 당일치기도 가능하다. 체력이 좋다면 성판악, 관음사 코스도 당일치기로 가능하며, 조금 여유롭게 즐기고자 한다면 영실이나 어리목 코스를 추천한다. 제주공항 도착 후, 렌터카로 각 코스 들머리로 이동하여 정상까지 왕복하거나, 들머리와 날머리를 다르게 하여, 택시를 이용하여 렌터카를 수거하는 방법이 있다. 대중교통을 이용할 경우엔, 제주시 외버스터미널로 이동하여 버스를 타고 각 코스 입구까지 왕복할 수 있다.

PART 2

죽기 전에 꼭 가봐야 할 산행지

등산 버킷 리스트

등산을 즐기는 외국인들은 각기 다채로운 매력을 뽐내는 한국의 산이 좋다고 말한다. 봄, 여름, 가을, 겨울 계절별로 뚜렷한 특징을 보이는 것도 매력 중 하나이다. 파트2에서는 계절별 특징을 한껏 느낄 수 있도록 산행지를 선정하였으며, 더불어 즐겁게 등산을 즐길 수 있는 프로그램을 소개한다.

꼭 해보고 싶은
'버킷리스트' 산행

등산 분야에서도 많은 사람들이 버킷리스트 성격의 프로그램에 참여하고 있다. 힘든 과정을 이겨낸 스스로를 칭찬하고 목표 달성을 통해 자신감과 자존감을 향상시킬 수 있다는 점에서 추천한다.

100대 명산 도장 깨기

산림청 발표를 기준으로 한국에는 해발고도 100m 이상의 높이를 기준으로 산의 숫자가 총 4,440개이다. 이러한 수많은 산 중에 높이, 경관, 문화적 가치 등을 기준으로 100개의 명산을 추려 '100대 명산'이라 부르고 있다. 우리나라에서 가장 대중적으로 인정받는 산림청이 선정한 '100대 명산'과 아웃도어 브랜드 블랙야크가 선정한 '명산 100'이 있다.

완등 도장 깨기의 끝판왕 산림청 선정 100대 명산

'2002년 세계 산의 해'를 기념하고 산의 가치와 중요성을 새롭게 인식하기 위해 2002년 10월 산림청에서 선정, 공표했다. 학계, 산악계, 언론계 등 13명의 전문가로 구성된 선정위원회가 지방자치단체를 통해 추천받은 전국의 105개 산과 산악회 및 산악 전문지가 추천하는 산, 대중들의 선호도가 높은 산을 대상을 산의 역사, 문화성, 접근성, 선호도, 규모, 생태계 특성 등 5개 항목에 가중치를 부여하여 심사 후 선정하였다.

아웃도어큐레이터 CHECK

100대 명산

- ◎ 국립공원(31)·도립공원(15)·군립공원(10) 지역에서 56개가 선정되었다.
- ◎ 가리왕산, 운장산, 황악산 등 생태적 가치가 큰 산(16)과 역사, 문화, 경관 등 모든 면에서 우수한 산(28)을 포함한다.
- ◎ 별도의 인증 방식은 없지만 온라인 상에서 판매하는 인증 여권과 스크래치 포스터를 구매하거나 트랭글 앱에서 제공하는 코스북(유료)도 있다.

인증의 즐거움 블랙야크 명산 100

'블랙야크 명산 100'은 국내 아웃도어 브랜드 블랙야크가 2013년부터 진행해오고 있는 가장 대중적인 도전 프로그램으로 전국의 명산 중 첫째, 가장 인기 있는 산 위주로 선정(접근성이 좋은 산) 둘째, 실제 탐방 가능한 산행지 중심으로 선정 셋째, 각 지역을 대표하는 산이라는 원칙으로 선정했다.

아웃도어큐레이터 CHECK

BAC(Blackyak Alpine Club)

'명산100' 외에도 '명산100+', '백두대간', '섬&산100' 등 다양한 도전 프로그램을 운영 중이다. '블랙야크 명산 100'은 각 산의 정상석에서 BAC 앱을 통해 1. 'GPS 발도장' 인증 2. 사진 인증을 완료하면 제품 할인 쿠폰을 지급한다. 명산 100+ 프로그램

(200대 명산 개념)도 있다. 해당 리스트는 블랙야크 알파인클럽 앱을 통해 확인할 수 있다.
(https://bac.blackyak.com/)

지방 명산 도장 깨기

스탬프투어 형태로 인기 있는 지방 명산 프로그램은 국립공원 스탬프투어와 영남알프스 8봉 완등 프로그램이 있으며, 대부분 내로라하는 산으로 구성되어 있다. 특별한 계기 없이는 전국 각지를 찾아 다니기 쉽지 않지만, 이런 프로그램에 참여하면 팔도강산을 두루 둘러볼 수 있다. 등산을 통한 성취감과 여행의 설렘이 함께 한다.

도장 깨기 산행의 으뜸 국립공원 스탬프투어

'국립공원 스탬프투어(시즌1)'는 전국의 22개 국립공원에 지정된 인증 장소(탐방지원센터)에서 스탬프여권에 스탬프를 찍어 인증을 완료하면, 국립공원공단에서 기념 메달과 인증서를 발급해 준다. 스탬프여권은 국립공원공단에서 비정기적으로 대량 발행하는데 조기에 소진될 정도로 인기가 많다.

스탬프투어 시즌 1
- **산악형 국립공원**: 설악산, 지리산, 한라산, 오대산, 치악산, 태백산, 소백산, 월악산, 속리산, 계룡산, 내장산, 북한산, 덕유산, 무등산, 월출산, 주왕산, 가야산, 변산반도
- **사적형 국립공원** 경주
- **해상해안형 국립공원** 한려해상, 다도해, 태안해안

스탬프투어 시즌 2

- **태안해안 국립공원** 학암포해변, 기자포해변

- **변산반도 국립공원** 채석강, 고사포해변

- **다도해상** 향일암, 구계등해변, 청산도, 보길도, 관매도, 우이도, 흑산도, 홍도

- **한려해상** 보리암, 노도, 한산도, 비진도, 연대도~만지도, 소매물도, 내도, 지심도

등산을 즐기는 사람이라면 한번쯤
영남알프스 8봉 완등

영남알프스 울산, 밀양, 양산, 청도, 경주 등에 형성된 해발 1,000m 이상의 9개의 산이 수려한 산세와 풍광을 자랑하여 유럽의 알프스와 견줄만하다 하여 붙여진 이름이다. 특히, 가을이면 곳곳의 황금억새평원에 나부끼는 순백의 억새가 환상적이라

영남알프스 완등

전국 등산객들의 발길이 끊이지 않는다. 영남알프스의 9개 봉우리를 모두 '완등'한 참여자에게는 울산광역시 울주군에서 인증서와 기념품을 지급한다.

- **영남알프스 9봉** 가지산(1,241m), 간월산(1,069m), 신불산(1,159m), 영축산(1,081m), 천황산 (1,189m), 재약산(1,108m), 고헌산(1,034m), 운문산(1,188m), 문복산(1,015m)

아웃도어큐레이터 CHECK

참고사항

◈ 문복산은 민원으로 인해 2023년 1월부터 한시적으로 제외되어 현재는 8봉 인증 프로그램으로 운영하고 있다.

악산, 육산의 매력을 한번에
강원 20대 명산 인증 챌린지

2021년부터 시작된 강원 20대 명산 인증 챌린지 프로그램은 각 산의 특성을 반영해 강원 5대 악산(惡山), 5대 육산(肉山), 10대 숨은 명산으로 나눠 운영하고 블랙야크 알파인 클럽 앱을 통해 인증 완료하면 패치를 지급한다.

- **5대 악산** 설악산, 치악산, 삼악산, 오봉산, 팔봉산
- **5대 육산** 오대산, 태백산, 함백산, 민둥산, 방태산
- **10대 숨은 명산** 철원 금학산, 화천 용화산, 양구 사명산, 고성 응봉, 횡성 청태산, 평창 계방산, 영월 계족산, 정선 백운산, 동해 두타산, 삼척 쉰움산

봉우리 하나씩 격파하는 산봉우리 산행

산봉우리가 연속해서 연결되어 있는 산은 마치 게임 퀘스트를 수행하듯 봉우리를 넘는 재미가 있다. 각 봉우리마다 숫자가 표시되어 있는 산도 있고(ex. 1봉, 2봉, 3봉…) 덕룡산(24개 봉우리)이나 주작산(26개 봉우리)와 같이 숫자 표시가 되어 있지 않지 않은 산도 있다.

봉우리 숫자 표기된 산		완등	봉우리 숫자 표기 없는 산/코스		완등
강원 홍천군	팔봉산	20 . .	경기 고양시	북한산 의상능선	20 . .
충남 서산시	팔봉산	20 . .	경기 안양시	관악산 팔봉능선	20 . .
강원 춘천시	오봉산	20 . .	전남 강진군	덕룡산	20 . .

봉우리 숫자 표기된 산		완등	봉우리 숫자 표기 없는 산/코스		완등
전북 진안군	구봉산	20 . .	전남 해남군	주작산	20 . .
전남 고흥군	팔영산	20 . .			
경북 영덕군	팔각산	20 . .			

구봉산의 가을

한라산 백록담

한라산은 대한민국에서 가장 높은 산(해발 1,947m)이라는 상징성 때문에 누구나 꼭 한 번쯤 올라보고 싶은 산이다. '한라산탐방 예약시스템(visithalla.jeju.go.kr)'에서 성판악 코스 또는 관음사 코스를 사전 예약한 후, 정상에서 'JEJU IoT'앱을 통해 사진 인증한다. 하산 후에 무인단말기를 통해 인증서를 발급받을 수 있다.

아웃도어큐레이터 CHECK

제로포인트 트레일 'THIRD STEP(써드 스텝)'

관광벤처기업 제로포인트 트레일(zeropointtrail.com)에서 운영 중인 한라산 도전 프로그램이다. 제주 시내 해발 0m에서 시작하여 백록담(해발 1,947m)까지 무동력(두발) 으로 오르내리게 된다.

- ◈ **코스** 제주 시내~관음사 탐방로 입구~백록담~성판악 탐방로 입구(약 31km)
- ◈ **제공내역** 인증 패치, 기념 스티커, 행동식 파우치, 픽업 서비스(성판악▶제주 시내)
- ◈ **인증혜택** 완주인증서, 완주 인증 명판 부착(매장 내), 완주자 명단 게시(홈페이지)
- ◈ **참가비** 39,000원

서울 명산 도장깨기

서울권 산행지는 대중교통을 통한 접근성이 뛰어나다. 버스나 지하철로 들머리, 날머리까지 이동하는 데 어려움이 없다. 화장실이나 쉼터 등 편의시설도 잘 구비되어 있다. 또한, 서울은 고대부터 한반도 역사의 중심에 있었기 때문에, 길을 걸으며 역사를 배워가는 재미도 쏠쏠하다.

조선왕조 수도 한양을 둘러보는 한양도성 스탬프투어

• **총 코스 길이** 18.6km(실제 거리 약 22km 내외)

서울 도심부에 위치한 북악산(342m), 인왕산(339m), 남산(262m), 낙산(124m)과 숭례문(남대문), 흥인지문(동대문), 돈의문(서대문), 숙정문(북대문)을 둘러볼 수 있는 코스이다. 한양도성은 조선시대 성벽 축조 기술의 변천, 발전 과정을 고스란히 담고 있으며, 처음 축조 당시의 모습은 물론이고 후에 보수하고 개축한 모습까지 간직하고 있어 성벽을 둘러보는 것만으로도 역사의 자취를 살펴볼 수 있는 특별한 문화유산이다.

스탬프투어 운영 장소에서 뱃지(분기별 1회 다른 컬러로 제공, 4회 완주시 메탈뱃지)를 제공하며, '서울시 공공서비스 예약(yeyak.seoul.go.kr)'에서 인증서 발급 신청 후 수령할 수 있다.

스탬프투어 운영 장소

구분	운영 장소	연락처
1지점	말바위 안내소	(02)3011-2175
2지점	흥인지문 관리소	(02)2148-4166
3지점	돈의문박물관마을(마을안내소)	(02)2148-1872
4지점	숭례문초소 우측 5m 지점	(02)3396-4644

한양도성 스탬프투어 인증 방법

✅ 스탬프투어 운영장소에서 지도 수령 or 스탬프투어 전용 앱 다운로드

✅ 스탬프투어 운영장소에서 지도에 스탬프 찍기 or 모바일 스탬프 찍기

✅ 지정 장소에서 인증 사진 찍기(청운대, 낙산 정상, 남산 봉수대 터, 인왕산 정상)

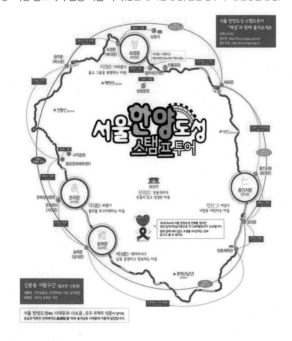

한양도성 스탬프투어 앱

서울시에서 운영 중인 한양도성 소개 및 순성길 안내 종합서비스 앱으로 한양도성 순성길 각 코스 안내(난이도, 소요시간, 이동거리, 오디오가이드 등 제공), 편의시설(화장실, 와이파이존, 주차장) 안내 하고 있으며, 스탬프 인증 앱, 완주인증서 발급 앱으로 활용 가능하다.

걸어서 서울 한바퀴 **서울둘레길 스탬프투어**

• **총 코스 길이** 156.5km

서울을 한바퀴 휘감는 서울둘레길은 8개 코스로 서울의 역사, 문화, 자연생태 등을 스토리로 엮어 국내외 탐방객들이 느끼고, 배우고, 체험할 수 있도록 조성한 도보여행 코스이다. 북한산, 도봉산, 수락산, 불암산, 용마산, 아차산, 관악산 등 서울의 주요 산행지를 중심으로 경사가 심하지 않은 흙길로 구성되어 있어 누구나 안전하고 편안하게 이용할 수 있다.

스탬프투어 운영장소

안내지도, 스탬프북 배부처	연락처
서울둘레길 안내센터 (창포원)	02-779-7902~4
서울시청 1층 열린민원실	02-2133-7904~5
서울둘레길 안내센터 (양재)	070-4465-7905
아차산관리사무소	02-450-1655
관악산관리사무소	02-879-6561

아웃도어큐레이터 CHECK

서울둘레길 스탬프투어 인증 방법

다양한 인증 방법

- **스탬프북 인증** 우체통을 재활용하여 만든 인증 포인트(28곳)에서 스탬프 도장 찍기

- **QR코드 인증** 우체통 상단의 QR코드(28개) 스캔

- **앱 인증** 민간 개발 앱을 활용하여 위치 인증

    ※ 두루누비(한국관광공사), 트랭글(민간), 워크온(민간) 등

완주 혜택

- 완주 후 완주인증서 발급신청서 작성 제출

- 창포원 또는 양재 안내센터에서 서울시장 명의의 완주인증서 수령 가능

기네스북에 오른 산
북한산둘레길 스탬프투어

- **총 코스 길이** 71.5km

북한산 둘레길은 북한산국립공원(북한산, 도봉산, 사패산) 자락의 기존 샛길을 연결하고 다듬어서 완만하게 걸을 수 있도록 조성한 트레킹 코스이며, 서울시(강북구, 도봉구, 은평구, 성북구, 종로구)와 경기도(고양시, 의정부시, 양주시)에 걸쳐 총 21개 코스가 있다.
21개의 스탬프를 획득한 스탬프북을 스탬프투어 운영장소에 개인정보(성함, 연락처, 주소)와 함께 제출하면 우편으로 완주 인증서와 완주 기념품(완주 배지)을 받을 수 있다.
구간별로 경관이 아름다운 장소를 배경으로 인증사진 찍을 수 있는 포토포인트(Photo point)가 있다.

스탬프투어 운영 장소

스탬프투어 운영장소	주소	전화번호
우이둘레길안내소	서울시 강북구 삼양로173길 120	(02)900-8087
둘레길탐방안내센터	서울시 강북구 한천로 200길 10	(02)900-0806
북한산탐방안내소	서울시 성북구 보국문로 215	(02)918-9063
북한산성탐방지원센터	서울시 은평구 대서문길 64	(02)357-9698
우이탐방지원센터	서울시 강북구 삼양로 181길 349	(02)988-8365
교현탐방지원센터	경기 양주시 장흥면 북한산로 102번길 93	(031)855-6559
오봉탐방지원센터	경기 양주시 장흥면 호국로550번길 172-41	(031)876-5721
회룡탐방지원센터	경기 의정부시 전좌로 155번길 82	(031)872-5436
원도봉탐방지원센터	경기 의정부시 망월로 28번길 205	(031)873-3742
도봉둘레길안내소	서울시 도봉구 도봉산길 86	(02)954-2566
구기탐방지원센터	서울시 종로구 비봉2길 90	(02)379-7043

아웃도어큐레이터 CHECK

북한산 둘레길 스탬프투어 인증 방법

❤ **스탬프투어 패스포트 구입 방법** 위 운영장소에서 1부
3,000원에 구입 가능

❤ 각 코스별로 설치한 안내표지판에서 인증사진 촬영 후, 아
래 스탬프투어 운영장소에 제시하면 인증스탬프를 찍을
수 있다.

종주 산행

종주 산행은 능선과 봉우리를 따라 걷는 산행의 형태를 의미한다. 이동 중에 다채로운 풍경을 볼 수 있으며, 특정 봉우리 한 곳을 오르는 것보다 성취감이 강렬하다. 누구에게나 쉽지 않은 도전이기 때문에, 사전에 코스 파악과 체력 향상, 충분한 식사, 행동식, 식수, 장비 준비는 필수다.

반드시 이루고 싶은 종주 코스 지리산

지리산 성중종주는 백두대간의 등줄기를 이루고 있는 노고단에서 천왕봉까지 주능선을 이어 타는 코스이다. 지리산 종주는 해발고도가 높은 성삼재(해발 1,083m)에서 시작, 천왕봉을 거쳐 중산리에서 종료하는 종주를 앞글자를 따서 '성중종주'라 부르고, 해발고도가 낮은 화엄사(해발 218m)에서 시작하여, 노고단에서 천왕봉에 이르는 주능선을 거쳐 대원사(해발 346m)를 지나 종료되는 종주를 앞글자를 따서 '화대종주'라 부른다. 체력이 좋다면 당일 산행으로 도전하기도 하지만, 경치를 충분히 즐기고 안전(조난, 탈진)을 생각한다면 대피소에서 숙박하며 도전하는 것을 권장한다. 서북능선 종주는 성삼재에서 시작, 만복대(해발 1,438m)와 바래봉(해발 1,165m)을 거쳐 남원시 인월면 월평마을에서 종료되는 코스이다. 봄철 철쭉이 필 때(바래봉, 팔랑치 주변 개화), 가을철 억새(만복대 부근)가 필 때 도전하기에 좋다.

종주 명칭	거리	예상 소요 시간	누적 해발고도	완등		
성중종주(주능선 종주)	37.2km	12시간~15시간	2,751m	20	.	.
화대종주	43.5km	14시간~20시간	4,622m	20	.	.
서북능선 종주	23.4km	9시간~11시간	2,048m	20	.	.

※ 성중종주, 화대종주 도전 시 이용가능한 대피소 : 노고단, 연하천, 벽소령, 세석, 장터목, 치밭목

지리산 종주 인증 방법

구례군에서는 화대종주(화엄사~대원사), 화중종주(화엄사~중산리) 인증 프로그램을 운영 중이다. 참가비 1만원을 지불하면, 인증 수첩을 받을 수 있으며, 인증을 완료하면 메달과 인증서를 수령할 수 있다. ※ 자세한 내용은 구례군청 홈페이지 참고

다양한 코스로 조합하는 재미 설악산

설악산 종주는 코스 조합에 따라 여러가지 형태가 있는데, 가장 대표적인 종주는 서북능선 종주와 공룡능선 종주이다. 암릉이 많아 지리산 종주에 비해 난이도가 높고 체력소모가 많은 편으로 종주에 도전하기에 앞서, 아래 3가지 대청봉 코스(설악동, 한계령, 오색)를 먼저 도전해보고 감을 익힌 다음, 도전해보는 것을 권장한다.

종주 명칭	코스	거리	예상 소요 시간	누적 해발고도	완등		
서북능선 종주	남교리~대승령~ 귀때기청봉~ 대청봉~오색	27.5km	12시간~ 15시간	2,312m	20	.	.
공룡능선 종주	소공원~비선대~ 마등령~공룡능선~ 희운각~천불동계곡~ 비선대~소공원	20.7km	13시간~ 16시간	1,438m	20	.	.
대청봉 코스 (설악동)	오색~대청봉~ 희운각~천불동계곡~ 비선대~소공원	16km	10시간 30분~ 13시간 30분	1,542m	20	.	.
대청봉 코스(한계령)	한계령~대청봉~ 희운각~천불동계곡~ 비선대~소공원	19.3km	12시간~ 14시간 30분	1,101m	20	.	.
대청봉 코스(오색)	오색~대청봉~ 오색(왕복)	10km	7시간~9시간	1,294m	20	.	.

우리나라 3대 대표 종주 코스 **덕유산**

덕유산 육구종주는 지리산 화대종주, 설악산 서북능선 종주와 더불어 우리나라 3대 대표 종주 코스로 손꼽히고 있다. 남덕유산 육십령에서 시작, 남덕유산 정상과 덕유산 정상(향적봉)을 거쳐 무주구천동에서 종료되는 코스이며, '육십령'의 '육'과 무주구천동의 '구'를 따서 '육구종주'라 부르고 있다. 당일 산행으로 도전하기도 하지만, 체력적인 부담이 있다면 삿갓재 또는 향적봉 대피소에서 숙박하면서 도전하는 걸 추천한다.

종주 명칭	거리	예상 소요 시간	누적 해발고도	완등
육구종주	32.0km	12시간~14시간	2,034m	20 . .

설악산 종주 전에 도전해봐야 할 코스 **북한산**

설악산 종주를 염두하고 있다면, 북한산 '횡종주'와 '16성문종주'를 연습삼아 도전해볼만 하다. '횡종주'는 북한산 주능선을 따라 걷는 코스이며, '16성문종주'는 북한산성의 주요 성문과 암문(작은 문), 수문을 따라 오르내리는 코스이다.
불수사도북은 강북5산 종주로 불리기도 하며, 불암산, 수락산, 사패산, 도봉산, 북한산의 주능선을 연이어 타는 코스이다. 체력소모가 매우 크기 때문에 첫 도전에 성공하기가 대체로 어렵다. 따라서 도전에 앞서 북한산 횡종주, 사패산~도봉산 연계 산행, 수락산~불암산 연계산행을 경험해보고 도전하는 것이 좋다.

종주 명칭	코스	거리	예상 소요 시간	누적 해발고도	완등
횡종주	대호아파트~족두리봉~ 비봉~문수봉~시단봉~ 백운봉암문~영봉~ 육모정고개~우이동	14.4km	6시간~ 8시간	1,085m	20 . .
16성문 종주	북한산성입구~대서문~ 중성문~용출봉~용혈봉~ 나월봉~대남문~대성문~ 보국문~대동문~용암문~ 백운봉암문~북문~ 원효봉~서암문~ 북한산성입구	16.1km	6시간 30분 ~ 9시간 30분	1,284m	20 . .
불수사 도북	원자력병원~불암산~ 수락산~회룡역~사패산~ 도봉산~우이동~북한산~ 불광역	49.0km	14시간~ 24시간	3,023m	20 . .

지리산 종주 예행 연습 코스, 강남5산 종주 청광종주

청광종주는 서울 서초구 청계산에서 시작하여 경기 수원 광교산까지 5개의 산을 연이어 타는 코스로 '강남5산 종주'로 불리며, 청계산과 광교산의 앞글자를 따서 청광종주로 부른다. (반대로 도전할 경우엔 '광청종주'로 부름) 5개의 산은 전체적으로 흙산이기 때문에 지리산 성중종주 예행연습 차원에서 도전하기 좋다.

종주 명칭	코스	거리	예상 소요 시간	누적 해발고도	완등
청광 종주	서울추모공원~ 청계산~하오고개~ 우담산~바라산~백운산~ 광교산~경기대	24.5km	7시간 30분 ~ 10시간 30분	1,630m	20 . .

시간에 따라 골라 즐기는 산행

대부분의 사람은 아침 또는 대낮에 산에 오르지만, 시간대를 달리하여 오르면 같은 산이라고 하더라도 이색적인 풍경과 느낌을 받을 수 있다. 특히, 일출/일몰/야간 산행은 한낮 기온이 높은 여름철에 더위를 피해 즐기기에 좋다. 다만, 안전과 조난, 범죄 우려가 있기 때문에 2인 이상 찾을 것을 권장한다.

일출 산행

- **주요 산행지** 북한산 백운대, 아차산 해맞이 공원, 노고단 정상, 무등산 서석대

월출산 일출과 운해 폭포

해가 동쪽에서 떠오르기 때문에 일출은 동쪽이나 남쪽이 넓게 트여 있는 산봉우리 또는 홀로 우뚝 솟은 봉우리에서 감상하기 좋다. 해발고도 1,000m 이상의 산은 운이 좋다면 일교차가 큰 날에는 일출과 함께 발 아래로 드넓게 펼쳐진 운해를 함께 볼 수 있다. 북한산 백운대나 남양주 천마산 정상은 해발고도가 상대적으로 낮음에도 불구하고 운해가 잘 발생하는 산행지로 인기다.

북한산 백운대

백운대는 넓게 트인 암반에서 일출을 여유롭게 감상하기에 좋은 장소다. 서울의 모든 산을 통틀어 운해를 감상하기에 가장 좋은 산인데, 다른 산에서는 운해가 발생하더라도 정상부가 구름에 덮이는 상황이 많은 반면, 백운대는 정상 밑으로 깔리는 상황이 많기 때문이다. 백운대를 오르는 코스는 크게 두 가지이다. 서울 방면에서 오르는 백운대 코스(백운대탐방지원센터 출발)와 고양시 방면에서 오르는 북한산성 코스(북한산성탐방지원센터 출발)가 있다.

백운대 코스

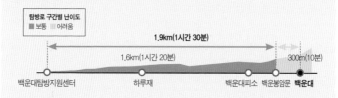

📍 **주소** 백운대탐방지원센터(서울 강북구 도선사길 234 탐방지원센터)

백운대를 오르는 최단 코스이지만, 백운대탐방지원센터 앞 주차장이 매우 협소하여 새벽 이른 시간대에도 붐비는 편이다. 따라서, 북한산우이역 옆에 있는 교통광장 공영주차장에 주차 후, 택시 또는 도보로 백운대탐방지원센터까지 이동하는 것이 대안이 될 수 있다.

백운대탐방지원센터까지 약 2.4km / 도보 약 1시간 / 택시 7분 소요)

◉ **주소** 교통광장공영주차장(서울 강북구 우이동 265-17)

북한산성 코스

탐방로 구간별 난이도
■ 보통 ■ 어려움

3.4km(2시간 40분)

0.8km(30분)   1.1km(40분)   1.5km(1시간 30분)

북한산성 탐방지원 센터   대서문   보리사   백운대

고양시 방면에서 오르는 코스는 주차장 부지가 넓어 상대적으로 주차하기 편리하다. 다만, 백운대까지 오르는 산행 거리가 길고, 갈림길이 여럿되기 때문에 (어둡기 때문에) 코스 안내판을 잘 살펴보고 오르는 것이 좋다. 산행이 끝난 후에는 힙플레스로 등극한 '스타벅스 더북한산점'에서 북한산 뷰를 보며 커피를 즐기기 좋다.

◉ **주소** 북한산국립공원주차장(서울 은평구 진관동 278)
　　　북한산성 제1주차장(서울 은평구 대서문길 24)

┌─ 아웃도어큐레이터 CHECK ─┐

1월 1일 새해 일출 산행 참고사항

❧ 동해안권 주요 산행지(설악산, 태백산, 괘방산)는 교통 정체가 심하고 인파가 집중적으로 몰리는 관계로 등산로에서도 정체 현상이 발생하고, 이로 인해 저체온증 발생 가능성이 있기 때문에 권하지는 않는다.

❧ 남해안권 산행지를 찾으면 상대적으로 여유롭게 일출을 감상할 수 있다.

❧ 한라산 국립공원은 1월 1일에 한시적으로 야간산행을 허용하지만, 예약 경쟁률이 매우 치열하다.

일몰 산행

• **주요 산행지** 마니산, 남한산성, 오서산 등

해가 서쪽으로 넘어가기 때문에 일몰은 서쪽이나 북쪽이 넓게 트여 있는 산봉우리 또는 홀로 우뚝 솟은 봉우리나 능선부, 전망대 등에서 감상하기 좋다. 해가 넘어가는 동안 그림 같은 분위기 속에서 차분하게 마음 정리할 수 있으며, 일몰 산행은 특히 기온이 높은 여름철에 즐기기 좋다.

남한산성 서문에서
바라본 서울 방면 일몰

사패산

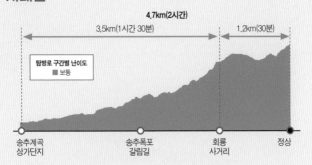

4.7km(2시간)

3.5km(1시간 30분) | 1.2km(30분)

탐방로 구간별 난이도
■ 보통

송추계곡
상가단지

송추폭포
갈림길

회룡
사거리

정상

사패산은 북한산국립공원에 속해 있으며, 경기도 의정부시와 양주시에 걸쳐 있
다. 정상부에 암반이 넓게 분포하는데, 서쪽으로 확 트여 있어 수도권에서 일몰을
감상하기에 가장 좋은 산행지다.

사패산 정상을 오르는 코스는 여러가지가 있는데, 대중교통을 이용할 경우, 의정
부시청역(의정부경전철) 또는 회룡역(1호선, 의정부경전철)이 접근성이 좋은 편이다.
자차를 이용할 경우, 위에 표기된 송추계곡 코스를 추천한다.

📍 **주소** 송추 제2주차장(경기 양주시 장흥면 울대리 525)

야간 산행

- **주요 산행지** 인왕산, 부산 황령산, 대구 앞산 등

밤에 도심 주변 산에 오르면 낮과는 다른 매력을 발견할 수 있다. 낮에는 경험할 수 없는 고요하고 평화로운 분위기 속에 도시의 야경을 내려다보며 낭만적인 분위기에 취하게 된다. 각 지역별로 야경으로 유명한 산행지는 보통 도심 주변에 위치한 산이다. 강원도권의 안반데기나 청옥산 육백마지기에 오르면 날씨가 좋을 때 무수히 많은 별과 은하수까지 볼 수 있다.

서울 낙산 야경

인왕산

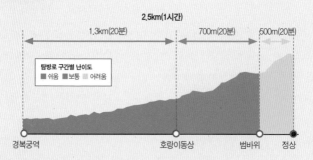

2.5km(1시간)

1.3km(20분) 700m(20분) 500m(20분)

탐방로 구간별 난이도
- 쉬움 - 보통 - 어려움

경복궁역   호랑이동상   범바위   정상

인왕산은 서울 도심 내부에 위치해 있어 대중교통을 통한 접근성이 아주 좋다. 서울 도심의 사무용 빌딩과 도로, 궁궐, 아파트 등의 야경이 한데 어우러져 한국을 대표하는 야경 성지라고 말할 수 있다. 인왕산을 오르는 등산로에는 조명 시설과 CCTV가 설치되어 있기 때문에 밤에도 안전한 편이다. 다만, 조명이 없는 구간도 있고, 때로 소등하는 상황도 있기 때문에 야간산행에 도전하려면 랜턴은 반드시 챙겨가는게 좋다. 인왕산 정상을 오르는 코스는 여러가지가 있는데, 가장 대표적인 코스는 경복궁역 또는 독립문역에서 출발하는 코스다. 도심 내부에 위치해 있어 주변 주차장이 여러 곳이 있지만, 요금이 비싸기 때문에 대중교통 이용을 권장한다.

계절별 산행
제대로 즐기기

더위나 추위를 극도로 싫어하지 않는다면 일 년 내내 전국의 명산을 찾아 계절 산행을 즐길 수 있다. 봄에는 벚꽃, 진달래, 철쭉과 함께 봄꽃 산행을, 여름에는 시원한 계곡으로, 가을에는 형형색색의 단풍과 은빛 억새가 만발하는 곳으로, 겨울에는 순백의 설원에서 눈꽃 산행을 경험해 볼 수 있다.

10~20여 년 전 대비 봄꽃 개화시기가 빨라지고, 단풍 시기는 점점 늦어지는 경향이 있다. 또한 기상 이변(이상 고온)과 가뭄, 꽃샘추위 등으로 인해 봄꽃 개화시기나 단풍 시기 매해 들쑥날쑥한 경우도 있기 때문에, 실시간으로 확인하는 것이 좋다. 포털 뉴스 검색결과(ex. 00산 철쭉 개화시기) 또는 지자체(축제 관련), 국립공원공단 홈페이지를 확인하는 방법을 권한다.

봄 산행

봄철 산행지는 산불방지를 위해 등산로가 전면 혹은 부분적으로 통제되는 산이 많다. 산행지를 선택하는 데 있어서 제약이 따르지만 꽃 피는 시기를 잘 맞춘다면 산의 다채로운 모습을 볼 수 있다.

전국 최대 진달래 군락지 - 대구 비슬산

봄을 빠르게 만날 수 있는 진달래 산행

- **시기** 3월 말, 남부지방부터 시작
- **특징** 한반도 전역에 분포, 잎보다 꽃이 먼저 피어남.
- **주요 산행지** 비슬산, 영취산, 천주산, 고려산

진달래는 한반도 전역에 분포하며, 꽃보다 잎이 먼저 피어나며 해발고도가 낮은 산부터 높은 산악 지대까지 무리지어 자라는 것이 특징이다. 3월 말부터 남부 지방부터 개화를 시작하여, 5월 중순 한라산, 설악산 등의 고지대까지 순차적으로 개화한다. 대구비슬산이 전국 최대 군락지로 손꼽힌다. 일반적인 진달래는 2~3m까지 자라며, 작은 가지와 잎에 털이 있는 것을 털진달래라고 하며, 설악산과 지리산, 한라산 등 고지대에서 볼 수 있다.

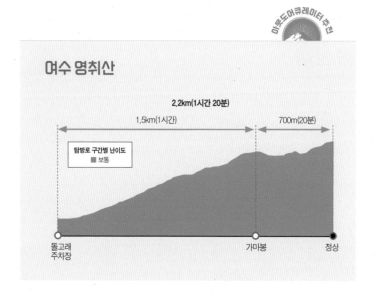

여수 영취산

2.2km(1시간 20분)

1.5km(1시간)   700m(20분)

탐방로 구간별 난이도
■ 보통

돌고래
주차장   가마봉   정상

여수 영취산은 제주도와 남해안 섬지역을 제외하고 육지에서 가장 먼저 진달래가 군락을 이루어 개화하는 곳이며, 국내 3대 군락지이다. 입소문을 타고 해가갈수록 많은 탐방객이 찾고 있기 때문에 주말에는 아침 일찍 찾는 것이 좋다. 정상에 오르면 한려수도와 여수국가산업단지의 위용이 멋지게 펼쳐지는데, 아이러니하게도 국가산업단지에서 발생하는 오염물질로 인해 공해에 강한 진달래만 주로 살아남아 군락지가 형성된 곳이다.

영취산은 산세가 전체적으로 험하지 않은 편이라 남녀노소 누구나 어렵지 않게 오를 수 있으며, 정상 부근에는 기암괴석과 암릉이 분포하지만, 안전시설이 잘 설치되어 있어 크게 위험하지는 않다.

📍**주소** 돌고개주차장(전남 여수시 월내동 548)

▲

산상의 화원을 만날 수 있는 **철쭉 산행**

- **시기** 4월 말~6월 초
- **특징** 철쭉(연분홍빛)은 전국 어느 산에나 분포하며, 유명한 군락지는 대부분 산철쭉(진분홍빛)이 무리 지어 자람.
- **주요 산행지** 황매산, 지리산 바래봉, 일림산, 제암산

철쭉은 진달래보다 늦게 4월 말에서 6월 초까지 피어난다. 국내 철쭉 명산은 기후가 온화한 남부 지방(경상도, 전라도)에 주로 분포하고 있으며, 대표적인 군락지는 합천/산청 황매산과 지리산 바래봉, 보성 초암산/일림산 등이다. 황매산과 바래봉 철쭉군락지는 과거 목장으로 이용되던 곳으로 동물이 독성분이 있는 철쭉만 빼놓고 풀을 먹어치워 군락지가 형성되었다. 중부지방(소백산, 태백산)과 해발고도가 높은 지리산 세석, 한라산 윗세오름 등의 철쭉은 5월 말에서 6월 초까지 남부지방보다 늦게 개화한다.

황매산 철쭉 군락지

한라산 윗세오름(선작지왓) 일대

황매산

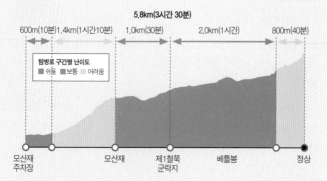

5.8km(3시간 30분)

600m(10분) 1.4km(1시간10분) 1.0km(30분) 2.0km(1시간) 800m(40분)

탐방로 구간별 난이도
■ 쉬움 ■ 보통 ■ 어려움

모산재   모산재   제1철쭉   베틀봉   정상
주차장   군락지

황매산은 경남 합천과 산청에 걸쳐 있다. 해발 800~900m대에 드넓게 펼쳐진 초원 지대가 있는데 이곳을 황매평전이라 부른다. 황매평전은 과거 목장으로 이용되던 곳으로 무수히 많은 국산 영화와 드라마가 이곳에서 촬영되었다. 봄철에는 황매평전의 대부분이 진달래로 뒤덮이며, 가을에는 억새 군락지로도 유명하다. 황매평전에는 오토캠핑장과 주차장이 있어, 자동차를 이용하면 철쭉군락지까지 아주 쉽게 접근이 가능하지만, 철쭉 절정기 주말에는 교통정체가 매우 심하여 일찍 찾아야 한다.

황매산은 철쭉으로 유명하지만, 상반된 매력의 기암괴석이 즐비한 산이기도 하다. 모산재 방면의 암릉미는 전국 어느 산과 견주어도 결코 뒤지지 않는다. 철쭉만 감상하고 오기엔 아까운 산이므로, 모산재에서 오르는 코스를 추천한다.

📍 **주소** 모산재주차장(경남 합천군 가회면 둔내리 1731-5)

정상 최단 코스 주차장

📍 **주소** 산청미리내파크(경상남도 산청군 차황면 법평리 1-2)

봄바람 휘날리며 꽃잎이 흩날리는 벚꽃 산행

- **시기** 3월 말~4월 말
- **특징** 산행지 진입로, 사찰 주변에 집중적으로 심은 곳이 유명함
- **주요 산행지** 계룡산, 마이산, 팔공산, 소요산

벚꽃은 전국적으로 유명한 장소가 많다. 가로수로 많이 심었기 때문에 지방도나 하천 제방에 많이 분포하고 있는 것이 특징이다. 전국의 주요 명산에도 산행지 진입로 좌우에 식재되어 있는 곳이 많이 있다. 오래된 사찰 주변에 분포하는 경우도 많은데, 마치 극락 세계에 들어가는 듯한 느낌을 풍긴다. 일반적으로 남부 지방에서 중부지방 순으로 개화 진행되는데, 동일한 행정구역이라고 하더라도 해발고도 차이에 따른 기온차 때문에 평지와 산지는 개화일이 1주일가량 차이 나는 곳이 꽤 있다. 서울 기준으로 여의도 벚꽃을 놓쳤을 경우엔, 남한산성(경기도 광주)이나 동두천 소요산을 방문해도 되고, 진안 마이산은 일교차가 크고 고지대에 위치하여 벚꽃 개화시기가 늦기 때문에 벚꽃막차를 탑승하기에 좋은 산행지이다.

전북 진안 마이산 '십리벚꽃길'

계룡산

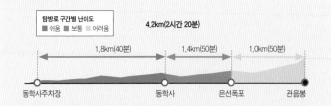

탐방로 구간별 난이도
■ 쉬움 ■ 보통 ■ 어려움

4.2km(2시간 20분)

1.8km(40분)　　　1.4km(50분)　　　1.0km(50분)

동학사주차장　　　　　동학사　　　　은선폭포　　　관음봉

계룡산은 마이산과 더불어 벚꽃이 아름답기로 으뜸으로 치는 산이다. 계룡산 일 대에는 동학사, 갑사, 신원사 주변이 대표적인 벚나무 군락지인데, 그중에서도 동 학사 주변에 벚나무가 가장 많이 분포한다. 박정자삼거리부터 동학사주차장까지 진입로 주변에 약 1천 그루의 벚나무가 심어져 있어, 바람이 불면 마치 꽃비가 내 리는 듯한 환상적인 장면이 연출된다.

📍**주소** 동학사주차장(충남 공주시 반포면 학봉리 742)

황금빛으로 물든 산을 보고 싶다면 **개나리 산행**

- **시기** 3월 말~4월 초
- **특징** 전국 어느 곳에나 분포하지만, 대규모 군락지는 많지 않음.
- **주요 산행지** 응봉산, 인왕산, 유달산

개나리는 전국 어디서나 봄철에 쉽게 볼 수 있는 곳이지만, 소개된 산행지들은 개나 리가 집단으로 군락을 이루고 있어, 황금빛으로 물든 독특한 분위기를 연출한다.

여름 산행

여름 산행 후 계곡을 이용하면 더위를 식히고 휴식을 취할 수 있는 좋은 방법이다. 계곡의 그늘을 통해 뜨거운 태양을 피할 수 있고, 일사병이나 일광 화상의 위험을 줄이는 데에도 도움이 된다. 주의할 점은 국립공원 계곡 상류는 산행지에 따라 출입금지 구역으로 지정된 곳이 있어 무단으로 출입하면 과태료가 부과될 수 있다. 아울러, 계곡 상류는 지역 주민들의 상수원으로 이용되는 계곡도 있기 때문에, 오염되지 않도록 배려가 필요하다. 수심이 깊은 계곡은 익사사고 가능성이 있기 때문에 출입을 지양해야 한다.

무더위와 산행 피로를 싹 날려 줄 계곡 산행

• **주요 산행지** 두타산 무릉계곡, 내연산 보경사계곡, 대야산 용추계곡

한동안 비가 내리지 않거나 가뭄이 심할 땐 해발고도가 낮은 산에 있는 계곡은 수량이 부족하거나 메말라 있을 수 있다. 반면, 해발고도 1,000m가 넘는 산에서 발원하는 계곡은 가뭄이 들더라도 수량이 풍부한 편이다. 해발고도 1,000m 이하의 산은 비가 제법 많이 내린 뒤에 찾는 것이 좋다.

동해 두타산

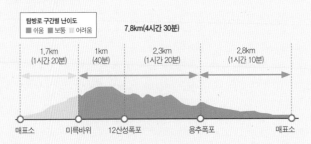

탐방로 구간별 난이도
■ 쉬움 ■ 보통 ■ 어려움

7.8km(4시간 30분)

| 1.7km | 1km | 2.3km | 2.8km |
| (1시간 20분) | (40분) | (1시간 20분) | (1시간 10분) |

매표소 　 미륵바위 　 12산성폭포 　 용추폭포 　 매표소

강원도 동해시에 위치한 두타산은 수많은 기암괴석과 폭포, 계곡으로 이루어져 있어 절경을 보이는 곳으로 무릉계곡은 여름 계곡산 행지로 유명하다. 무릉계곡에서 정상까지 오르려면 높은 수준의 체력을 필요로 하는데, 여름철엔 베틀바위와 마천루, 무릉계곡만 둘러봐도 충분하다. 베틀바위와 마천루는 접근이 쉽지 않았던 곳으로, 동해시에서 탐방로를 설치하여 베틀바위는 2020년, 마천루는 2021년에 개방하였다. 산행이 끝난 후에 선조들이 노닐었던 무릉계곡에 몸을 담그면 피로가 싹 가실 것이다

📍 **주소** 무릉계곡주차장(강원 동해시 삼화동 858-3)

두타산 베틀바위

한 번도 안 해본 사람은 있지만, 한 번만 해본 사람은 없는
계곡 트레킹

• **주요 산행지** 인제 아침가리계곡, 삼척 덕풍계곡

계곡 트레킹은 계곡이라는 자연적으로 형성된 지형을 따라 걷는 것이다. 일반적인 산행과 달리, 시원한 물소리와 아름다운 경관을 감상하며 걷는 즐거움을 느낄 수 있고, 물속에 들어가서 걷거나 횡단하기 때문에 이색적인 체험이 될 수 있다.

인제 아침가리계곡 강원도

강원도 인제군에 위치한 아침가리골은 우리나라에서 가장 인기가 많은 계곡 트레킹 성지이자 예로부터 난리를 피해 숨어들던 오지를 말한다. 방태산 주변은 산이 높고 험해 깊은 계곡이 많은데, 아침가리계곡은 적가리·연가리·명지가리·곁가리 계곡 중에서 가장 길이가 길고 깊다. 계곡을 따라 걷기도 하고, 힘이 들면 계곡 옆에 있는 등산로를 따라 걸어도 된다. 하지만, 등산로가 끊기는 장소가 많기 때문에 자연스럽게 계곡을 수차례에 걸쳐 횡단해야 한다. 비가 많이 내린 직후에는 수심이 꽤 깊고 물살이 쎈 곳이 나타나기 때문에 등산 스틱과 로프 등 안전장비를 지니고 지인과 함께 방문하는 것이 좋다.

아침가리계곡의 길이는 총 20km에 달하는데, 계곡 트레킹을 즐길 수 있는 구간은 약 6km(도보 2시간, 계곡트레킹은 3시간 소요)이다. 방동약수(해발 520m)에서 시작, 방동고개(해발 832m)까지 오른 다음, 임도를 따라 약 3km를 내려가면, 조경동교(해발 525m)부터 계곡 트레킹을 즐길 수 있다. 자동차나 택시를 이용하면 방동고개까지 접근도 가능하다.

정선 덕산기계곡

강원도

강원도 정선에 위치한 덕산기계곡은 총 연장 12km의 계곡이다. 100m 이상 솟아 있는 절벽이 병풍처럼 계곡을 둘러싸고 있으며, 계곡 중간에는 덕산기마을이 있다. 대자연의 정취를 느낄 수 있는 상류는 울창한 낙엽송지대와 바위 너래 지대를 형성하며, 맑고 깨끗한 물이 흐르는 수려한 자연경관을 간직하고 있다. 덕산기계곡은 지반으로 물이 빨리 흡수되는 지형적 특성을 지녔기 때문에, 수량이 항상 풍부한 것은 아니다. 비가 많이 내린 이후, 3~4일 이내에 찾는 것이 가장 좋다.

아웃도어큐레이터 CHECK

자연휴식년제

덕산기계곡은 자연휴식년제를 실시하여 자연이 잘 보존된 편이며 KBS 〈1박 2일〉 프로그램을 통해 알려지게 되었다. 오염의 정도가 지나치게 심각하거나 황폐화할 염려가 많은 장소에 한해 사람의 출입을 통제함으로써 자연 생태계의 파괴를 막고 복원을 위해 마련한 제도이다.

삼척 덕풍계곡

강원도

삼척 덕풍계곡은 응봉산(해발 993m) 자락에서 발원하여 약 12km에 달하는 풍부한 수량과 수려한 산세를 간직한 계곡이다. 물길을 따라 철재 보행로와 계단, 난간 등을 설치하여 과거 대비 트레킹이 수월해진 편이다. 보통의 다른 계곡과 달리 물빛이 갈색을 띄는데 참나무 낙엽의 표피층이 계곡 물에 우러난 결과이다. 덕풍계곡에는 수심이 깊은 용소가 3곳이 있는데, 현재는 동식물 보호와 안전상의 이유로 제2용소까지만 통행을 허용하고 있다.

덕풍계곡 주차장에서 계곡 트레킹 시작점까지는 계곡을 따라 약 5km에 달하는 도로가 있는데, 여름철 성수기에는 차량을 통제하기 때문에 걸어가거나, 마을에서 운영하는 셔틀버스를 이용할 수 있다. 제2용소까지는 편도로 약 1시간(약 3km)이 소요된다.

울진 불영계곡

경상북도

굽어진 계곡과 특이한 형태의 암석이 아름다운 경관을 자랑하는 약 15km 길이의 계곡으로 약 20억 년 전에 만들어진 편마암이 계곡 사이로 드러나 있으며, 기암괴석과 깎아지른 듯한 절벽이 푸른 물줄기와 어우러져 예로부터 명승지로 알려져 있다. 국가 지정 명승 제6호, 경상북도 동해안 지질공원으로 지정되어 있다.

울진 왕피천

경상북도

왕피천은 불영계곡과 인접해 있으며 하류에서 합류하여 동해바다로 빠져나간다. 상류에서 발원한 물줄기가 대칭적으로 깊은 골짜기를 이뤄 계곡이 깊고 경관이 수려할 뿐만 아니라, 일부 구간은 차량 접근이 불가능하여 자연 그대로의 모습을 간직하고 있다. '왕이 피난왔던 마을'을 뜻하는 '왕피리'라는 이름 역시 이 지역이 오지였음을 의미한다. 왕피천 주변은 불영계곡과 더불어 국내 최대의 금강송 군락지로 알려져 있다.

무더위를 피해 동굴로 들어가보자 동굴이 있는 산

• **주요 산행지** 덕항산, 소백산, 가학산

여름에 산행을 하다 보면 땀이 줄줄 흐르기 마련이다. 이럴 때는 동굴이 있는 곳으로 산행을 해보는 것도 좋다. 산행 후에 동굴에 들어가면 외부보다 온도가 낮기 때문에 천연 에어컨 같은 쾌적함을 느낄 수 있다. 천연 동굴은 주로 삼척이나 단양 같은 석회암 지대에 분포하고 있는데, 덕항산이나 소백산 같은 100대 명산을 찾을 겸 함께 둘러보기 좋다. 과거 광산으로 활용되던 곳을 리모델링하여 인기를 끌고 있는 광명동굴이나 자수정동굴도 있고, 일제강점기에 군사 용도로 개발한 동굴을 방문하면 뜻깊은 시간을 보내실 수 있을 것이다.

걷고 나면 꿀잠 보장! 맨발 트레킹

• **주요 산행지** 계족산

대전광역시에 위치한 계족산은 맨발로 황톳길을 걸으며 트레킹을 즐길 수 있는 주요
산행지이다. 충청 지역의 소주회사가 사회공헌 차원에서 임도를 따라 황토를 깔아 조
성한 곳으로 14.5km 달하는 황톳길 대부분이 그늘이 드리워져 있기 때문에 여름에
걷기에도 안성맞춤이다. 맨발걷기는 혈액순환 개선, 소화기능 개선, 불면증 해소, 피
로 회복에 도움이 된다.

계족산 황톳길

내장산의 가을 풍경

가을 산행

매주 주말마다 단풍과 억새 산행지를 번갈아 찾아볼 수 있는 시기이다. 9월 말 설악산 고지대부터 11월 해남 두륜산 저지대까지 최대 2개월가량 단풍 산행을 즐길 수 있다. 단풍 산행지로 가장 인기가 많은 산은 설악산과 내장산이다. 설악산은 높은 봉우리와 깊은 계곡, 기암절벽과 어우러진 형형색색의 단풍의 조화가 아름답다. 개인적으로는 천불동계곡과 흘림골~주전골 단풍을 최고로 꼽지만, 설악산은 사실상 전 지역이 단풍 명소라 해도 과언이 아니다. 내장산 단풍이 아름다운 이유는 첫째, 일교차가 크고 일조시간이 길다. 내륙 지역에 위치한 지리적 특성으로 낮과 밤의 기온 차이가 크고, 주변에 높은 산이 없어 나무가 햇빛을 많이 받아 단풍이 아름답게 물드는 조건에 최적화된 지역이다. 둘째, 다른 지역보다 단풍나무 종류가 많다. 국내에서 자라는 단풍나무 15종 가운데, 11종이 분포한다. 다른 지역의 단풍보다 잎이 작고 색깔이 고운 애기단풍(당단풍)이 많다.

단풍이 아름다운 장소 특징

- ✅ **계곡 주변** 계곡 주변은 수분 공급이 잘 되기 때문(단풍이 잘 드는 필요조건)에 일반적으로 능선이나 정상부보다 아름답다.

- ✅ **도로/호수 주변** 단풍나무, 은행나무, 메타세쿼이아 나무 등을 인공적으로 심은 곳이 많다.

- ✅ **사찰 주변** 오래된 사찰은 입지적인 특성이 뛰어난 곳이 많아, 단풍과 조화롭다.

- ✅ **기암괴석이 있는 곳** 단풍과 기암괴석의 조화가 동양산수화 같은 분위기를 연출한다.

- ✅ **은행나무가 있는 곳** 단풍나무의 빨강, 주황 계열 컬러에 노랑색이 가미되어 눈이 호강하기 때문이다.

- ✅ **활엽수가 많은 곳** 대부분의 침엽수(뾰족한 잎)는 사계절 내내 푸른색을 띠는데 비해, 활엽수(넓은 잎)는 가을에 단풍이 들며 노랑, 빨강, 갈색을 띄게 된다.

※ 예외 사항 : 은행나무는 잎이 넓지만 침엽수로 분류되며, 낙엽송(잎갈나무), 낙우송, 메타세쿼이아 등은 침엽수지만, 노랗거나 황갈색의 단풍이 들고 매년 낙엽이 지는 나무이다.

가을 산행의 꽃 단풍 산행/트레킹

설악산은 사계절의 아름다움을 지녔지만, 특히 가을에 그 두드러진다. 가장 대표적인 단풍 산행지 설악산의 단풍 시기는 민간 기상업체(케이웨더, 웨더아이) 발표 자료를 참고하여 예측할 수 있다.

설악산 단풍 시기 예측

해발 1,708m(9/21)	대청봉
해발 1,500m(9/25)	귀때기청봉, 서북능선(한계령 삼거리 ↔ 중청대피소)
해발 1,000m(10/5)	공룡능선, 서북능선(대승령)
해발 500m(10/14)	천불동계곡, 울산바위, 권금성, 북설악 신선대
	주전골, 흘림골, 백담사, 소공원
해발 0m(10/26)	

정상부터 20%
해발 1,366m(9/28)

정상부터 80%
해발 342m(10/19)

기상업체 발표 자료로 특정 산(또는 장소)의 단풍 시기를 예측하기 어려운 경우, 해발 고도 및 인근 산의 단풍 시기를 함께 고려하여 추정할 수 있다.

서울 주변 산 단풍 시기 예측

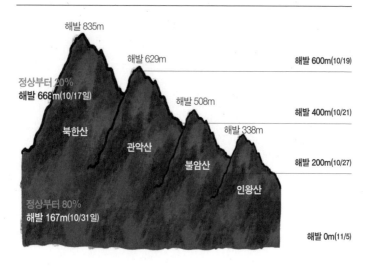

해발 835m

해발 629m

해발 600m(10/19)

정상부터 20%
해발 668m(10/17일)

해발 508m

해발 400m(10/21)

북한산

관악산

해발 338m

불암산

해발 200m(10/27)

인왕산

정상부터 80%
해발 167m(10/31일)

해발 0m(11/5)

주왕산

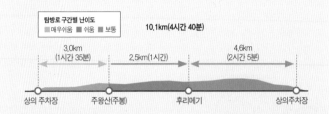

탐방로 구간별 난이도
■ 매우쉬움 ■ 쉬움 ■ 보통

10.1km(4시간 40분)

3.0km (1시간 35분) — 2.5km(1시간) — 4.6km (2시간 5분)

상의 주차장   주왕산(주봉)   후리메기   상의주차장

경북 청송에 위치한 주왕산은 설악산과 내장산에 버금갈 정도로 단풍 산행지로 인기가 많은 곳이다. 마치 중국의 장가계를 연상시키는 웅장한 기암괴석이 장관이며, 설악산, 월출산과 더불어 국내 3대 암산으로 손꼽힌다. 연화봉, 시루봉, 향로봉, 관음봉, 나한봉, 옥녀봉과 같은 봉우리와 주왕굴, 연화굴 그리고 제1,2,3 폭포로 불리는 용추, 절구, 용연폭포 등 볼거리가 풍부하다. 여기에 더해 단풍이 물드는 가을철엔 그야말로 아름다움의 극치를 보여주는데 전체적인 산행 난이도가 높지 않은 편이라 단풍 절정기엔 많은 인파가 몰리기 때문에 아침 일찍 찾는 것이 좋다.

📍 **주소** 상의주차장(경북 청송군 주왕산면 상의리 299)

▲

가을 산을 즐기는 또 다른 방법 억새 산행

・ **대표적인 군락지** 정선 민둥산, 영남알프스 간월재/신불산, 포천 명성산

등산 초보자들은 대부분 '가을'하면 '단풍' 산행지를 가장 먼저 떠올리지만, 억새도 가을 산행의 매력을 더한다. 단풍은 물드는 기간이 짧고 낙엽이 떨어지면 잿빛의 황량

한 느낌을 풍기는 데 비해, 억새는 절정기 전후를 기준으로 길게는 한 달 이상을 즐길 수 있다. 전국의 명산에는 억새가 대부분 소규모로 피어나지만, 전국 7대 억새 군락지는 영남알프스(간월재, 신불재, 재약산), 정선 민둥산, 포천 명성산, 창녕 화왕산, 합천 황매산, 보령 오서산, 장흥 천관산이다. 봄철에 진달래/철쭉 군락지로 유명한 곳이 가을철에 억새가 자라나 군락지로 변모하는 곳도 꽤 있다.

민둥산

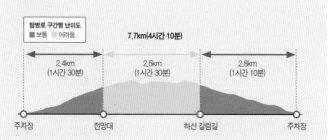

탐방로 구간별 난이도
■ 보통 ■ 어려움

7.7km(4시간 10분)

2.4km
(1시간 30분)

2.5km
(1시간 30분)

2.8km
(1시간 10분)

주차장   전망대   하산 갈림길   주차장

민둥산은 정상 부근에 20만 평의 광활한 억새밭이 펼쳐진 국내 5대 억새군락지이다. 가을이면 어른 키를 훌쩍 초과하는 은빛 물결의 억새가 장관을 연출한다. 민둥산이란 이름은 산 정상에 나무가 없는데서 유래했다. 청량감을 느끼게 하는 푸르게 펼쳐진 억새밭 때문에 최근에는 가을 뿐만 아니라, 여름 산행지로도 인기가 높다. 민둥산은 억새로 유명하기도 하지만, 국내 대표적인 카르스트 지형(석회암 지대)으로 억새밭 중간에 생성된 돌리네(움푹 꺼진 지형)를 관찰할 수도 있다. 대표적인 코스는 공영주차장(증산초교)에서 시작한다.

📍 **주소** 민둥산 공영주차장(강원 정선군 민둥산로 4)

겨울 산행

국내에서 겨울철에 많은 양의 눈을 볼 수 있는 지역은 크게 강원도, 전라/충청 내륙, 전라 서해안, 제주 한라산이다. 특히 설악산에서 지리산 천왕봉에 이르는 백두대간 주변의 고지대에 눈이 많이 내리며, 주요 산행지는 설악산, 오대산, 계방산, 태백산, 함백산, 소백산, 덕유산, 남덕유산, 지리산(천왕봉, 바래봉) 등이 있다.

산을 뒤덮은 하얀 눈밭 눈꽃 산행

- **주요 산행지** 태백산, 소백산, 덕유산, 한라산, 설악산

해발고도가 높은 고지대는 상대적으로 '많은 양의 눈이 '자주' 내리기 때문에 하얗게 뒤덮인 설원에서 특별한 추억을 남길 수 있다. 다만, 겨울 눈꽃 산행은 산행 거리 대비 소모되는 체력을 고려해야 한다.

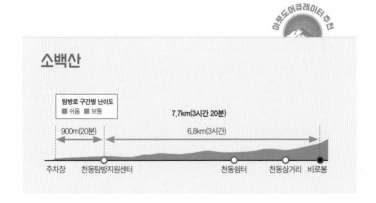

소백산

탐방로 구간별 난이도
■ 쉬움 ■ 보통

7.7km(3시간 20분)

900m(20분)   6.8km(3시간)

주차장   천동탐방지원센터   천동쉼터   천동삼거리   비로봉

소백산은 충북 단양과 경북 영주에 걸쳐있는 국내 대표적인 눈꽃산행지이다. 소백산 정상 부근에는 주목 군락지와 철쭉 군락지가 펼쳐진 초원 지대가 있는데, 특히 이곳이 겨울에 눈꽃으로 뒤덮이면 장관을 연출한다. 대표적인 코스는 천동탐방지원센터에서 오르는 코스로 계곡을 따라 이어진 비교적 완만한 등산로를 꽤 오랜 시간 올라야 한다. 꾸준히 오르다보면 천동 쉼터 부근부터 주목 군락지가 펼쳐지는데, 눈꽃과 상고대로 뒤덮이면 크리스마스 트리 같은 분위기를 연출한다.

📍 **주소** 다리안관광지 주차장(충북 단양군 단양읍 소백산등산길 12)

한탄강 얼음트레킹 철원 한탄강 물윗길을 걷는 얼음트레킹은 오직 겨울철에만 경험할 수 특별한 체험이다. 태봉대교~순담계곡 사이에 조성된 총 연장 8㎞의 '물윗길'은 물 위에 부교를 띄워 만든 2.7㎞와 강변 탐방로 5.3㎞ 등으로 구성되어 있다. 좀 더 길게 걷고 싶다면 '한탄강 주상절리길(잔도)'와 연계하여 트레킹도 가능하다.

한탄강 얼음 위를 걷고 있는 사람들

산과 바다를 동시에! 섬 산행

• **대표적인 시기** 초봄, 늦봄, 초가을, 겨울

섬 산행지는 대체로 육지보다 해발고도가 낮아 부담스럽지 않고, 산과 바다를 동시에 즐길 수 있다는 장점이 있다. 육지와 다리나 방조제를 통해 연결된 곳도 있지만, 배를 타고 들어가야 하는 곳이 많아서 아날로그 감성을 느껴볼 수 있는 것이 바로, 섬 산행이다. 이 중에서도 강력하게 추천하는 곳은 통영 사량도 지리산, 울릉도 성인봉, 군산 선유도, 여수 금오도 비렁길, 진도 동석산, 강화 석모도 해명산이다.

아웃도어큐레이터 CHECK

섬 산행, 섬 트레킹 즐기기 좋은 시기

- ✅ 단풍/억새 절정기가 지났고, 눈이 많이 내리기 전(12월 초~중순)
- ✅ 기온이 상승하며 눈이 덜 내리지만, 봄꽃이 피기 전(2월 말~ 3월 중순)
- ✅ 진달래/철쭉 등의 봄꽃 절정시가 지난 시기(6월)
- ✅ 더위가 한풀 꺾였지만 단풍이 본격적으로 물들기 전(9월)

1월	2월	3월	4월	5월	6월	7월	8월	9월	10월	11월	12월

사량도 지리산　　　　　　　　　　　　　　　　　　　　경상남도

산림청 선정 100대 명산이며, 국내 섬 산행 1번지. 날씨가 좋은 날엔 지리산 천왕봉이 보인다 하여, 지리망산(智異望山)으로 불린다. 바다와 산이 어우러진 풍경이 아름다우며, 특히 불모산에서 옥녀봉으로 이어지는 구간의 경치가 압권이다. 능선과 암봉, 암릉을 이어타야 하며 스릴감을 느낄 수 있는 철계단, 출렁다리 등이 있어 산행의 재미를 더해준다.

📍 **사량도 가는 배편이 있는 항구** 가오치항, 용암포항(경남 고성군), 삼천포항(경남 사천시)

사량도 지리산

울릉도 성인봉
경상북도

울릉도는 제주도와 같이 화산활동으로 생겨난 섬이지만, 제주도와는 사뭇 다른 매력을 준다. 제주도가 한라산을 중심으로 넓게 형성되어 있다면, 울릉도는 성인봉을 중심으로 지형이 압축되어 있는 느낌이 든다. 산림청 100대 명산으로도 선정된 성인봉은 해발고도 1,000m에 가까운 높이를 자랑하여 오르는 게 쉽지 않지만, 울릉도에만 서식하는 희귀식물과 나무들이 많아 독특한 풍경과 분위기를 연출한다.

📍 **울릉도 가는 배편이 있는 항구** 강릉항(강원 강릉시), 묵호항(강원 동해시), 포항항(경북 포항시)

군산 선유도
전라북도

선유도는 과거에는 배를 타고 들어가야 하는 섬이었지만, 세계 최대 길이의 새만금 방조제(33.9km)가 생기면서, 군산 시내와 부안 방면에서 자동차로 접근할 수 있게 되었다. 더불어 최근에는 전북 김제와 선유도(고군산군도)를 연결하는 도로가 개통되면서 접근성이 좋아졌다. 선유도는 '신선이 노닐던 섬'이라는 유래답게 크고 작은 60여 개의 섬이 선유도를 중심으로 병풍처럼 펼쳐져 그림 같은 풍경을 보여준다.

여수 금오도
전라남도

해안 절벽을 따라 과거 나무 땔감을 구하고 낚시를 하러 다녔던 길을 '비렁길'이라는 이름의 트레킹 코스로 개발하였다. 여수사투리 '비렁'은 표준말로 '벼랑'을 뜻하며, 해안절벽을 따라 걷는 내내 시원하고 아찔한 풍경을 보여준다.

진도 동석산
전라남도

동석산은 해발 219m에 불과한 낮은 산이지만, 칼날 같은 암릉이 연이어 솟아 있어, 강렬한 인상을 심어주는 산이다. 초보자에게는 다소 버거운 산이지만, 진도군에서 계단과 밧줄 등을 설치하여 과거에 비해 비교적 안전하게 산행을 즐길 수 있게 되었다.

강화 석모도 해명산
인천광역시

강화도에서는 마니산이 가장 인기가 많고, 고려산도 진달래 군락지 때문에 유명하지만, 해명산은 또 다른 매력을 지닌 산으로 산객들 사이에 꽤 입소문이 많이 나있는 산이다. 해명산에서 낙가산까지 이어지는 주능선은 좌우로 바다 조망이 터지며, 산행 후에는 국내 3대 해수관음성지로 불리는 보문사에 들릴 수 있다.

울릉도 성인봉

누구보다
쉽게 등산하기

산에 오르는 방법은 꼭 두 발로만 이뤄지는 것이 아니다. 산 지형 특성상 케이블카, 곤돌라, 출렁다리, 구름다리가 설치되어 있는 경우가 있다. 때로는 해발고도 시작점이 높은 곳도 있다. 이 같은 경우 시간과 체력을 아낄 수 있기 때문에 등산하기에 체력이 적합하지 않더라도 산행을 즐길 수 있다.

케이블카/곤돌라 타고 등산하기

· **주요 산행지** 통영 미륵산, 무주 덕유산, 평창 발왕산

케이블카와 곤돌라는 산을 오르내릴 때 상당한 시간과 체력을 절약할 수 있어 부상에서 회복 중이거나 체력이 약한 분들이 이용하기 좋은 방법이다. 케이블카는 곤돌라보다 크기가 더 크고, 더 많은 인원을 수송하고, 좀 더 빠른 것이 특징이지만, 국내에서

미륵산 정상(통영케이블카)에서 내려다본 한려수도와 통영시내

는 8명 정원의 케빈을 갖춘 시설도 케이블카로 부르는 경향이 있다. 통영 미륵산 정상에서 내려다보는 산과 바다, 육지와 섬, 도시와 자연의 대비되는 풍경이 압권이며, 특히 섬이 많은 남해안의 장쾌한 풍경이 답답했던 가슴을 시원하게 뚫어줄 것이다.

출렁다리/구름다리 라고 등산하기

· **주요 산행지** 원주 소금산, 영암 월출산, 완주 대둔산

2015년 이후, 전국에는 각지에 많은 출렁다리가 생겨나고 있다. 출렁다리는 높은 봉우리와 봉우리는 연결하거나 분리되어 존재하는 산을 연결하거나, 호수 위에 설치하는 경우가 많다. 등산객의 입장에서는 스릴감을 느낄 수 있고, 다리를 건널 때 조망이 멋지고, 봉우리를 오르내리는 시간을 절약할 수 있다는 측면에서 이점이 있다. 단, 눈이나 비가 내릴 때는 미끄러울 수 있고, 강풍이 불 때는 추락 위험성이 있어서 이용을 지양해야 한다. 아울러, 다리 위에서는 휴대전화나 지갑을 떨어뜨릴 수 있고, 낙하물로 인해 하부의 인명 피해가 있을 수도 있으므로 조심하는 것이 좋다.

원주 소금산 출렁다리 - 현재 산악형 출렁다리 중 국내 최장 길이(404m)

지리산 노고단의 아침 풍경

높은 해발고도에서 등산하기

• **주요 산행지** 함백산 만항재, 지리산 노고단, 횡성 태기산

해발고도가 높더라도 승용차로 올라 높은 위치에서 산행을 시작할 수 있는 산이 꽤 있다. 함백산 만항재나 지리산 노고단(성삼재)처럼 지방도가 개설되어 있거나, 양평 용문산이나 대구 팔공산처럼 정상부에 주둔하는 군부대로 인해 개설된 도로를 이용할 수 있는 산이 그 예이다. 산 밑에서부터 오르는 것보다 높은 위치에서 산행을 시작하면 체력과 시간을 절약할 수 있고, 조망이 빠르게 펼쳐지기 때문에 힘든 느낌이 덜하다. 기온이 높은 계절에 해발고도 1,000m 이상의 산은 평지보다 최소 6~7℃ 이상은 기온이 낮아서 쾌적하게 산행을 즐길 수 있다. 겨울철에 눈이 많이 내리면 위험할 수 있으므로, 제설작업이 되어 있는지 꼭 확인하고 월동장비(스노우체인)을 장착하고 방문하길 권장한다. 아울러, 지리산 성삼재로 통하는 지방도와 강릉 안반데기 등은 겨

울철에 초입부터 통제하는 점을 참고하길 바란다. 더불어 들머리에 화장실이 없는 곳도 많아서 생리현상은 미리 해결하고 올라가는 것이 좋다.

유명산(산림청&블랙야크 100대 명산)   경기도

경기도 양평군과 가평군에 걸쳐 있으며, 정상부 근처에 패러글라이딩 활공장이 있어서 비포장 흙길을 따라 수월하게 오를 수 있다. 가을에는 억새 군락지가 아름답게 펼쳐지며, 각종 영화/드라마에 배경이 되었던 세트장도 있다. 배너미재(고개)를 기점으로 용문산과 연계하여 산행이 가능하다.

◎ **배너미재** 경기도 양평군 옥천면 용천리 산24

용문산(산림청&블랙야크 100대 명산)   경기도

경기도 양평군이 위치하고 있으며 정상에 군부대와 방송국 중계소가 있다. 용문산은 산세가 험준한 편이라 밑에서부터 제대로 오르려면 난이도가 꽤 높고 체력 소모가 심한데, 군사용 도로를 따라 수월하게 오를 수 있다. 네비게이션에 '용천스카이벨리펜션'을 검색하면, 약 1km 정도 지난 지점에 주차할 만한 넓은 공간(약 10여 대)이 있다.

◎ **용천스카이벨리 펜션** 경기 양평군 옥천면 용천로 742-43

화악산(산림청&블랙야크 100대 명산)   경기도

경기도 가평군과 강원도 화천군에 걸쳐 있으며, 경기도에서 제일 높은 산이다. 화악터널 주변에 주차하고 오를 수 있다. 실제 정상에는 군부대가 주둔하고 있어 출입이 어려우므로 근처의 중봉이 정상 역할을 대신하고 있다. 중봉 부근에 오르면 경기도와 강원도 일대의 고봉이 장쾌하게 눈에 들어온다.

◎ **화악산 주차장** 강원 화천군 사내면 삼일리 산196-3

남한산성(도립공원, 블랙야크 100+ 명산)   경기도

경기도 광주시에 위치한 남한산성은 유네스코 세계문화유산으로 지정된 성곽을 따라 트레킹을 즐길 수 있다. 남한산성은 평균 해발고도 480m 이상의 험준한 산세를 이용

남한산성 남문(지화문)

하여 방어력을 극대화하기 위해 축조되었다. 산 위에 마을이 있을 만큼 넓은 분지이기 때문에 조선왕실의 보장처(전쟁시 임금과 조정이 대피하는 곳)로 이용되며, 병자호란의 주무대가 되었다.

◎ **남한산성로터리 주차장** 경기 광주시 남한산성면 산성리 521

함백산(국립공원, 블랙야크 100대 명산) `강원도`

함백산은 강원도 정선군에 위치하고 있으며, 만항재는 한국에서 차로 오를 수 있는 가장 높은 고개이다. 봄/여름에 만항재 주변엔 야생화가 아름답게 피어나며, 겨울철에는 북유럽에 와있는 듯한 설경을 보여준다. 정상부에서 펼쳐지는 백두대간 주변의 장쾌한 조망이 압권이다. 만항재에서는 함백산 반대편 방면으로 이어지는 운탄고도를 통해 트레킹을 즐길 수도 있다.

◎ **만항재** 강원 정선군 고한읍 함백산로 865

태백산(국립공원, 산림청&블랙야크 100대 명산) `강원도`

강원도 태백시에 위치하고 있으며, 이름의 의미(클 태, 太)와 달리 비교적 수월하게 오

태백산 상고대와 운해

를 수 있는 산이다. 유일사 갈림길까지 약 2.3km에 달하는 넓직한 임도가 개설되어
있으며, 중간중간에 쉼터도 잘 마련되어 있다. 국내 대표적인 눈꽃산행지이며, 일출
산행지로 인기가 많다.

📍 **유일사 주차장** 강원도 태백시 태백산로 4246-1

계방산(국립공원, 산림청&블랙야크 100대 명산) 강원도

오대산국립공원에 속해 있는 계방산은 남한에서 다섯 번째로 높은 산이며, 강원도 평
창군과 홍천군의 경계를 이루고 있다. 완만함과 가파름을 고르게 갖춘 산이며 날씨가
좋으면 설악산과 오대산 비로봉을 비롯하여 강원도 일대의 산군이 장쾌하게 눈에 들
어온다. 겨울 산행지로 인기가 많다.

📍 **운두령** 강원도 평창군 용평면 운두령로 1243

태기산 강원도

강원도 횡성군과 평창군에 위치하고 있으며, 산림청에서 관리하는 국유림으로 낙엽
송과 잣나무가 대규모로 식재되어 있어 독특한 풍경을 자아낸다. 정상에 군부대가 있

어 도로를 따라 쉽게 오르내릴 수 있으며, 능선을 따라 풍력발전기가 설치되어 있어 이국적인 풍경을 보여준다.

◎ **양두구미재** 강원도 평창군 봉평면 진조리 산80-40

두타산(산림청&블랙야크 100대 명산) `강원도`

강원도 동해시와 삼척시에 걸쳐 있으며, 백두대간의 주능선을 품고 있다. 강원도는 동고서저(東高西低) 지형이 나타나기 때문에 동쪽 무릉계곡 방면은 급경사를 이루지만, 댓재에서 두타산 정상을 오르는 코스는 상대적으로 수월한 편이다.

◎ **양두구미재** 강원도 평창군 봉평면 진조리 산80-40

선자령 `강원도`

강원도 평창군에 위치한 선자령은 야트막한 고원에 푸르게 펼쳐져 있는 양떼목장 울타리와 멀리서 바라보면 산 위에 흰 바람개비처럼 펼쳐져 있는 우리나라 최대의 풍력단지를 따라 백두대간의 등길을 밟고 걷는 길이다. 정상과 시작점의 표고차가 크지 않아 남녀노소 누구나 부담 없이 트레킹을 즐길 수 있는 곳이다. 백두대간 등줄기에서 영동과 영서지방을 한눈에 바라볼 수 있으며, 봄부터 가을까지 야생화의 천국을 이루며, 겨울에는 눈꽃 트레킹 성지로 인기가 많다.

◎ **대관령마을휴게소** 강원도 평창군 대관령면 경강로 5721

안반데기 `강원도`

강원도 강릉시에 있는 안반데기는 국내 최대 고랭지 배추 재배단지이다. 1965년부터 화전민들이 산비탈을 개간하며 정착하여 형성된 마을로 일출 명소로 손꼽히고 있으며, 맑은 날 밤하늘엔 무수히 많은 별과 은하수가 펼쳐진다. 배추밭 사이사이에 설치된 풍력발전기도 이색 볼거리이며, 강릉바우길 17코스(안반데기 운유길)에 속한다.

◎ **와우안반데기** 강원도 강릉시 왕산면 대기리 2214-94

안반데기의 아침 풍경

청옥산 강원도

강원도 평창군에 위치한 청옥산 곤드레 나물을 비롯해 산나물이 많이 자생하고 있다. 정상 주변 능선이 비교적 평탄하여, 벼 육백가마니가 나올 정도로 넓은 분지가 있어 육백마지기로 불리기도 한다. 국내 대표적인 고랭지 채소 재배지이며, 능선을 따라 풍력발전기 단지가 조성되어 있다.

◎ **육백마지기주차장** 강원도 평창군 미탄면 회동리 1-18

청옥산 육백마지기

북설악 신선대의 아침

영남알프스 간월재의 여름

북설악 신선대(성인대)

강원도

강원도 고성군에 위치한 북설악 신선대는 설악산의 북쪽 끝에 드넓게 펼쳐진 암반을 일컫는다. 북설악 일대의 전경이 장쾌하게 펼쳐지며, 동해를 한눈에 굽어볼 수 있고, 특히 울산바위를 가장 멋지게 조망할 수 있는 곳이다. 신선대에서 바라다보이는 신선봉은 금강산의 첫 번째 봉우리로 평가하기도 한다.

◎ **화암사주차장** 강원도 고성군 토성면 신평리 471-47

영남알프스 간월재

울산광역시

울산광역시 울주군에 위치한 간월재는 신불산(100대 명산)과 간월산 능선이 만나는 자리이며, 억새 산행 1번지로 손꼽히는 영남알프스의 핵심적인 곳이다. 두 산의 능선이 부드럽게 이어지는 간월재에는 가을이면 억새가 장관을 이룬다. 간월재에는 휴게소가 있어 컵라면과 음료수 등을 구입할 수 있으며, 넓직한 비포장 임도를 따라 오를 수 있다.

◎ **배내2공영주차장** 울산광역시 울주군 상북면 이천리 855

조령산(산림청&블랙야크 100대 명산)

충청북도

조령산은 경북 문경시와 충북 괴산군의 경계를 이루며, 나는 새도 쉬어 넘는다는 문경새재를 품에 안은 백두대간에 위치한 산이다. 이화령을 중심으로 크고 높은 능선들이 줄기를 이루고 있어 가히 첩첩산중이라 할 수 있는 풍경이 펼쳐진다.

◎ **이화령** 충청북도 괴산군 연풍면 이화령로 561

토함산(국립공원)

경상북도

경북 경주시에 위치한 토함산은 유네스코세계문화유산 석굴암을 품고 있는 산이다. 동해에 가까이 인접해있어 안개가 자주 끼는데, 바다 쪽에서 밀려오는 안개를 산이 마시고 토해 내는듯한 모습을 표현해 '토함산(吐:토할 토, 숨:머금을 함)'이라 부르게 되었다. 일출 산행지로 인기가 있으며, 불국사와 연계하여 들러보아도 좋다.

◎ **석굴암주차장** 경북 경주시 진현동 973-8

팔공산(국립공원, 산림청&블랙야크 100대 명산)

경상북도

대구광역시와 경상북도에 걸쳐 있는 팔공산은 정상부에 군부대가 있어 출입이 제한되었지만, 군위군에서 군부대와 협의를 통해 출입이 가능하게 되었다. 군부대 주변에는 정원이 예쁘게 꾸며져 있는데 이를 '하늘정원'이라 부르며, 이곳에서 바라보는 노을이 장관이다.

◎ **팔공산하늘정원** 경상북도 군위군 부계면 동산리 산74-18

황매산(도립공원, 산림청&블랙야크 100대 명산)

경상남도

경남 합천군과 산청군에 걸쳐 있는 황매산은 소백산, 바래봉과 함께 철쭉 3대 명산으로 손꼽히며, 전국 최대 규모의 철쭉군락지로 유명하다. 정상 바로 아래 펼쳐진 황매평전은 과거 목장으로 이용되던 곳으로 구릉진 초원이 이국적인 풍경을 자아내며, 황량한 겨울을 이겨낸 초목과 붉은 꽃의 조화가 끝없이 펼쳐진 산상의 화원의 모습을 연출하며, 가을 억새도 아름답다. 철쭉 군락지 초입까지 도로가 개설되어 편하게 접근할 수 있고, 아이들 또는 노부모를 동반한 가족 산행 코스로 제격이다.

◎ **황매산오토캠핑장** 경상남도 합천군 가회면 황매산공원길 331

황매산 황매평전 은하수

남해 금산 보리암의 아침 풍경

남해 금산(국립공원, 산림청 100대 명산)　　　　　　　　　　　　　　　　　`경상남도`

경남 남해군에 위치한 금산은 전국 3대 기도도량인 보리암이 있어 상징적인 의미가
많은 명승지이다. 한려해상국립공원의 유일한 산악공원으로 온통 기암괴석들로 뒤덮
인 38경이 절경을 이루고 있어 국가지정 명승으로 선정된 곳이다. 정상에서는 남해
바다 위에 솟은 크고 작은 섬과 넓은 바다를 한눈에 굽어볼 수 있어 인기가 많다.

📍**복곡탐방지원센터** 경상남도 남해군 이동면 보리암로 586

장복산(블랙야크 100+ 명산)　　　　　　　　　　　　　　　　　　　　　　`경상남도`

경남 창원시 진해구에 위치한 장복산은 과거 진해시를 병풍처럼 든든하게 받치고 있
는 산이다. 봄철이면 벚꽃으로 뒤덮이는 진해 시내를 조망할 수 있으며, 안민고개에
서 장복산 정상에 이르는 길도 벚꽃 터널을 이루며, 사이사이에 진달래도 아름답게
피어난다. 안민고개까지 오르는 길도 벚꽃 드라이브 코스로 유명하다.

📍**안민고개** 경상남도 창원시 성산구 천선동 산52-10

지리산 노고단(국립공원)

전라남도

노고단은 천왕봉, 반야봉과 함께 지리산의 3대 주봉으로 꼽힌다. 노고단(성삼재)은 지리산 종주(성중종주)의 출발점으로 유명하다. 노고단에서 내려다보는 운해는 지리산에서 꼭 봐야 할 10경 중 하나이며, 봄은 철쭉, 여름은 원추리, 가을은 단풍, 겨울 설화 등 계절별로 다채로운 아름다운 광경을 보여준다. 노고단은 사전에 국립공원 홈페이지를 통해 예약해야 출입할 수 있으며, 겨울철에 성삼재까지 오르는 지방도는 결빙으로 인해 출입이 통제되어, 화엄사부터 걸어 올라가야 한다.

◎ **성삼재휴게소** 전라남도 구례군 산동면 노고단로 1068

지리산 만복대(국립공원)

전라북도

지리산 서북능선에 위치한 만복대는 전북 남원시와 전남 구례군의 경계에 솟아 있다. 만복대는 이름만큼 복스러운 산으로 산 전체가 부드러운 구릉으로 되어 있다. 지리산에서 가장 넓은 억새 군락지로 가을철이면 봉우리 전체가 억새로 뒤덮여 장관을 이룬다. 이곳에서 동남쪽으로 바라보이는 반야봉은 지리산의 웅장함을 실감케 한다. 접근이 쉽고 고도차가 크지 않아 큰 힘 들이지 않고 산행할 수 있다.

◎ **정령치** 전라북도 남원시 산내면 정령치로 1523

달마산 도솔암

전라남도

전남 해남군 달마산에 위치한 도솔암은 마치 허공에 떠 있는 듯 절벽 꼭대기에 세워진 모습이 기묘한 분위기를 연출하는 곳이다. 〈추노〉, 〈각시탈〉, 〈내 여자친구는 구미호〉 등 각종 드라마와 CF의 배경이 되었으며 오르는 길에 진도와 서해, 완도와 남해를 동시에 조망할 수 있다.

◎ **도솔암 입구(도로변)** 전라남도 해남군 북평면 영전리 산77-4

장안산(산림청&블랙야크 100대 명산)

전라북도

전북 장수군에 위치한 장안산은 지리산, 덕유산, 남덕유산에 이어 호남에서 네 번째로 높은 산이다. 가을에 무룡고개에서 정상 방면으로 등산로를 따라 광활한 억새밭이 펼쳐진다. 흐드러지게 핀 억새밭에 바람이 불면, 하얀 억새가 파도에 밀려 춤추는 듯한 풍경을 자아낸다.

◎ **무룡고개 주차장** 전라북도 장수군 번암면 지지리 산115-43

축령산(블랙야크 100대 명산)   전라남도

전남 장성군과 전북 고창군에 걸쳐 있는 축령산은 춘원 임종국 선생이 한국전쟁으로 황폐해진 산에 21년간 편백나무와 삼나무를 심고 가꾼 곳이다. 지금은 전국 최대 조림 성공지로 손꼽히고 있으며, 특히 편백나무가 많아 피톤치드가 많이 뿜어져 나오기 때문에 산림욕 장소로 인기를 끌고 있다. 추암주차장에서 완만하고 넓은 임도를 따라 오르게 되며, 정상 직전 600m를 제외하고 전반적으로 어렵지 않은 코스이다.

◎ **추암주차장** 전라남도 장성군 서삼면 추암리 668-3

소백산 연화봉(국립공원)   충청북도

충청북도와 경상북도의 경계에 있는 죽령~연화봉 탐방로는 잘 정비된 탐방로(포장도로)와 굽이굽이 펼쳐진 백두대간 능선을 따라 오르는 코스이며, 특히 철쭉이 만개하는 5월 말~6월 초에 많은 탐방객이 찾고 있다. 제2연화봉에 마련되어 있는 대피소에서

축령산 편백치유의숲

속리산 말티재 전망대 가을 풍경

는 웅장한 백두대간 능선이 소백산을 휘몰아치는 모습에 압도당하게 된다.

📍 **죽령주차장** 충청북도 단양군 대강면 용부원리 43-40

속리산 말티재(국립공원)　　　　　　　　　　　　　`충청북도`

충북 보은군에 위치한 말티재는 조선시대 세조 임금이 속리산으로 행차할 때 타고 왔던 가마를 말로 갈아타고 고갯길을 넘어 이름이 유래되었다. 침엽수와 활엽수가 조화를 이루며 어우러져 가을철에 단풍이 특히 아름답다. 말티재 정상에서 잘 닦여진 임도를 따라 순환할 수 있는 '꼬부랑길'이 개설되어 있다.

📍 **말티재주차장** 충청북도 보은군 속리산면 속리산로 481

민주지산(산림청&블랙야크 100대 명산)　　　　　`충청북도`

충북 영동군에 위치한 민주지산은 주봉을 중심으로 각호산, 석기봉, 삼도봉 등의 봉우리들이 곧게 늘어서 산세가 무척 장쾌하게 느껴지는 산이다. 전라북도와 경상북도, 충청북도 3개 도의 경계를 이루고 있으며, 겨울철에 눈꽃산행지로 인기있다.

📍 **도마령주차장** 충청북도 영동군 용화면 조동리 산4-127

잔도를 따라 등산/트레킹하기

'잔도(栈道)'는 국내에서는 다소 생소한 용어이다. 산세가 험준한 계곡에 통행로를 만들고자 고안한 방식으로 절벽에 구멍을 낸 후, 구멍에 받침대를 넣고 선반처럼 매단 길을 의미한다. 중국에서는 여러 곳에서 볼 수 있는데, 장가계 잔도가 대표적으로 알려져 있다. 최근 들어 국내에서 여러 곳에 잔도가 들어서고 있어, 굳이 큰돈과 시간을 들여 해외를 찾아갈 필요가 없게 되었다.

단양강 잔도　　　　　　　　　　　　　　　　　충청북도

충북 단양에 위치한 단양강 잔도는 국내 최초로 2017년 개설되었다. 예로부터 경치가 빼어나기로 유명했던 단양강(남한강) 위에 1.2km 길이로 설치되었고, 야간조명을 설치하여 밤에도 걸을 수 있다. 수면을 기준으로 90m 위치에, 25m 규모로 세운 만천하스카이워크(한국관광 100선)와 함께 둘러보기에 좋다. 최근 개설된 짚와이어, 알파인 코스터, 만천하슬라이드 등 다양한 액티비티 시설도 함께 즐길 수 있다.

용궐산 하늘길 잔도　　　　　　　　　　　　　　전라북도

2021년 4월에 개장한 순창 용궐산 하늘길에도 잔도가 있다. 용궐산 하늘길은 용궐산의 거대한 수직 암벽에 놓은 데크로드로 길이 530m에 달하게 된다. 이곳으로 가기 위

단양강 잔도와 만천하스카이워크

소금산 그랜드밸리 잔도

해서는 가파른 돌계단을 40분 가량 올라야 한다. 용궐산하늘길을 둘러보고 옛 등산로로 내려오는 주차장 기점의 원점 회귀 코스는 약 3.5km, 1시간 30분 정도 소요된다.

소금산 그랜드밸리 잔도　　　　　　　　　　　　　　　　　　　　　　　강원도
소금산 정상부 아래 절벽을 따라 산벼랑을 끼고 도는 짜릿한 고도 200m 높이 절벽 한쪽에 360m 길이로 만든 아슬아슬한 잔도와 소금산을 휘감아 도는 삼산천의 아름다운 절경을 한눈에 볼 수 있는 전망대로, 소금산 스카이밸리의 랜드마크이다. 2021년 11월에 개장하였다.

한탄강 주상절리길　　　　　　　　　　　　　　　　　　　　　　　　　　강원도
유네스코 세계지질공원으로 지정된 한탄강 위에 설치된 주상절리길은 총 연장 3.6km, 폭 1.5m로 설치되어 주상절리 협곡과 다채로운 바위로 감상할 수 있다. 순담계곡에서 절벽을 따라 총 13개의 잔도가 설치되어 있으며, 아찔한 스릴과 아름다운 풍경을 동시에 경험할 수 있다.

한탄강 주상절리길 잔도

아름다운 사찰을 찾아 등산하기

우리나라에서 오래된 사찰은 예로부터 명당으로 추앙받거나 경관이 뛰어난 곳에 들어선 곳이 대부분으로 사찰을 찾아 등산하는 것은 산행의 재미를 더할 수 있다. 봄철에 봄꽃, 가을에 단풍, 일출과 낙조(일몰)로 유명한 사찰도 많아, 시기를 잘 맞춘다면 더욱 강렬한 느낌을 받을 수 있다.

'적멸보궁'이라 하여 부처님의 진신사리를 모신 사찰(ex 오대산의 상원사 등), 불교에서 귀하게 여기는 불보, 법보, 승보, 즉 세 가지 보물을 갖고 있다는 의미에서 붙여진 '삼보사찰'(ex 가야산의 해인사, 영축산의 통도사, 조계산 송광사 등). '산상무쟁처'라 하여 불교에서 최고의 수행처로 꼽는 곳으로, 경치가 뛰어나고 땅의 기운이 좋은 곳인 사찰(ex 내변산 월명암 등)을 만나볼 수 있다.

아웃도어큐레이터 CHECK

문화재 관람료

문화재보호법 개정안이 지난 5월부터 시행되면서, 조계종 산하 64개 사찰 등 65개 전국 사찰 관람료가 폐지됐다. 등산 동호인들은 그동안 사찰 관람료를 통행세 개념으로 인식하여, 불만이 높았는데 환영하는 분위기다. 그러나 시도 지정 문화재가 있는 5개 사찰 - 강화 보문사, 부여 고란사, 남해 보리암, 무주 백련사, 영주 희방사에서는 관람료를 징수하고 있다.

송광사의 봄

템플스테이

템플스테이는 2002년 한·일 월드컵 개최를 계기로 33개 사찰에서 시작했으며 현재 전국 143개의 사찰에서 운영하고 있다. 전국의 명산에는 템플스테이를 체험할 수 있는 사찰이 대부분 있어, 등산과 함께 템플스테이를 체험할 수 있다. 크게 당일형, 체험형, 휴식형 3가지 유형으로 프로그램을 구분하며, 각 사찰마다 세부 프로그램을 다양하게 운영 중이다. 조계종에서 운영하는 아래 홈페이지를 통해 사찰의 시설과 프로그램, 후기 등을 살펴보고 예약까지 할 수 있다.

조계종 템플스테이 공식 홈페이지 www.templestay.com

장성 백양사 쌍계루의 가을 풍경

PART 3

등산의 즐거움을 더한다

아웃도어
큐레이터의
'알쓸산잡'

알고 있으면 도움되는 정보를 모았다. 등산 입문자라면 시
행착오를 겪을 수 있는 장비에 관한 것, 아웃도어 활동에서
떼려야 뗄 수 없는 날씨 예측 방법, 산행 시 겪을 수 있는 위
급상황 대처법 등을 Q&A로 풀었다.

등산과 장비

등산·트레킹이라는 활동에 참여할 때 가장 중요한 안전장비는 신발이다. 신발을 잘못 선택하면 신체 균형이 무너지고, 물집 발생 및 실족 등의 안전사고 가능성이 높아지기 때문! 신발을 선택한 이후에도 신체 컨디션에 따라 잘 관리해야 오래도록 문제없이 착용할 수 있다.

등산화 묶는 법

Q 발볼이 넓은 편입니다. 장시간 산행 시 조여 오는 답답함을 느낄 때가 있는데요. 어떻게 하면 좋을까요?

A 발볼이 넓거나, 발등이 높거나 하는 등 사람의 발 모양과 형태에 따라, 그리고 발가락 통증이나 발이 부었을 때 취할 수 있는 다양한 레이싱(lacing) 방식이 있습니다.

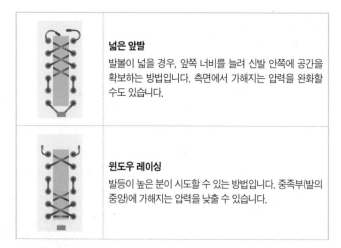

	넓은 앞발 발볼이 넓을 경우, 앞쪽 너비를 늘려 신발 안쪽에 공간을 확보하는 방법입니다. 측면에서 가해지는 압력을 완화할 수도 있습니다.
	윈도우 레이싱 발등이 높은 분이 시도할 수 있는 방법입니다. 중족부(발의 중앙)에 가해지는 압력을 낮출 수 있습니다.

발가락 통증 완화

토캡을 약간 들어올려 발가락에 가해지는 압력을 줄일 수 있는 방법입니다. 발가락에 물집이 잡혔거나 멍이 들었거나 통증이 느껴질 때 활용할 수 있는 방법입니다.

뒤꿈치 미끄러짐 방지

발 뒤꿈치가 미끄러지거나 물집에 생기면 상단의 끈을 강하게 조이는 것이 좋습니다. 발목을 조임으로 인행 뒤꿈치가 제자리에 고정되어 보행 안정성이 향상될 수 있습니다.

좁은 발(칼발)

발볼이 좁을 경우에 발의 세로 중심축 방면으로 압력을 가하여 조이는 방법입니다.

발이 부었을 때

장시간의 종주 산행이나 장거리 트레킹 등으로 인해 발이 전체적으로 부었지만, 더 걸어야 할 때 시도할 수 있는 방법입니다. 발 아래부터 윗부분까지 가해지는 압력을 전체적으로 낮출 수 있습니다.

Q 고어텍스 소재의 등산복, 등산화의 경우 어떻게 관리해야 오래 사용할 수 있을까요?

A 고어텍스 같은 방수 의류에는 내부에 멤브레인이라는 얇은 막이 존재합니다. 내부로 수분 침투를 막고, 외부로 습기를 배출하는 미세구멍이 있죠. 이 미세구멍이 세제의 잔여물로 막히게 되면 제 기능을 하지 못합니다. 중성세제를 이용해 세탁해야 하며, 가급적 닉왁스 같은 전용 세제를 사용하는 것이 좋습니다. 통풍이 잘되는 곳에서 자연 건조를 권장합니다. 열기나 햇볕에서 건조하면 성능에 문제가 생기거나 수명이 짧아질 수 있습니다. 겉표면에 영구 발수 처리된 고어텍스 제품(예: 고어텍스 SHAKEDRY™ 의류)은 별도의 발수 처리(건조기, 다림질, 발수 처리제)를 하실 필요가 없습니다.

고어텍스 소재의 등산화는 잦은 세탁으로 인해 방수와 투습 기능을 갖춘 멤브레인이 손상되기 쉬우므로 가급적 세탁 횟수를 최소화하는 것이 좋습니다. 오염 정도가 심하지 않다면 세탁 보다는 전용 스프레이를 사용해 이물질을 닦아내는 것을 권장하고 있습니다.

등산화 구매 방법

Q 등산화를 구매할 때, 사이즈 외에 어떤 점을 추가적으로 살펴봐야할까요?

A 설포(텅)는 자갈이나 모래, 나뭇조각 등 불순물과 눈과 비 등 수분이 등산화 내부로 유입되지 않도록 차단하는 기능을 합니다. 발등과 발목에 전해지는 압력을 완충하기 위해 패딩 처리가 된 경우가 많은데 신어봤을 때 설포가 헐렁거리지는 않는지 확인해야 합니다.

레이스(끈)의 형태와 조이는 방식, 끈을 조이는 고정 시스템의 형태가 발목 지지력을 좌우할 수 있습니다. 등산화용 끈은 대부분 내구성이 뛰어난 나일론 소재로 제작되는데, 둥근 형태가 평평한 형태보다 조금 더 내구성이 좋은 편입니다. 발목이 약한 분은 발목 부위에 레이스를 고정해주는 장치가 여러 개 있는 모델을 고르는 것이 좋습니다. 또한, 평소 등산할 때 신는 양말과 인솔을 챙겨가는 것이 좋습니다. 실제 산행을 한다고 가정하고, 직접 착용해보고 착화감을 확인하는 것이 좋습니다.

등산화 아웃솔

Q 산행 중 등산화 밑창이 떨어져서 곤혹스러운 적이 있습니다. 이런 경우 어떻게 대처하면 좋을까요?

A 등산화는 구입 후 오랜 시간이 경과하면 아웃솔과 미드솔 사이가 벌어지거나, 스티로폼이 부서지는 것처럼 갈라질 수 있습니다. 산행 중에 이러한 상황이 발생한다면 보행에 지장을 초래하여 누구나 당황스럽기 마련인데요.

과거에는 이러한 상황에는 철사나 테이프로 감아 조치를 하라는 의견이 있었는데, 사실 철사나 테이프를 평상 시에 산에 가지고 다니는 사람은 거의 없습니다. 이럴 때는 신고 있는 양말 또는 여분의 양말로 등산화 전체를 덮어 씌우면 형태가 그대로 유지되어 산 아래까지 어렵지 않게 내려올 수 있습니다.

스패츠

Q 뱀이나 벌레에 물릴 경우를 대비하기 위해서는 어떻게 해야 하나요?

A 대부분의 뱀에게 물린 상처는 발목이나 다리 아랫부분과 손에서 발생합니다. 울창한 숲길을 이용하는 경우, 긴바지나 발목을 덮는 등산화, 두꺼운 양말, 그리고 스패츠를 착용하는 것이 좋습니다. 이것이 뱀에게 물리는 것을 막아준다고 100% 보장할 수는 없지만 몸에 들어가는 독의 양을 최소화할 수 있습니다. 스패츠는 눈이 내리거나 쌓였을 때, 방풍 및 보온이 필요한 상황, 빗물과 습기 유입을 방지하고자 할 때, 진흙에 의한 오염 방지, 찰과상 및 출혈 방지, 뱀과 같은 곤충에 의한 물림 방지와 같은 이유에서 사용되기 때문에 구비해 두시는 것이 좋습니다.

Q 종주 산행을 준비 중입니다. 행동식을 어떻게 꾸리는 것이 효율적일까요?

A 등산 중 필요한 에너지원 비율은 탄수화물 50~70%, 지방 20~40%, 단백질 5~15% 정도입니다. 탄수화물은 산행 초기와 중강도~고강도 산행 중에 주로 사용되며, 신체는 전체 에너지원의 50~70%를 탄수화물에 의존합니다. 반면에 저강도~중강도 활동 시 또는 저장된 글리코겐(간이나 근육에 저장된 탄수화물의 형태)이 고갈될 때 지방이 주요 에너지원으로 사용됩니다. 지방을 에너지로 분해하는 과정에는 특히 포도당 형태의 탄수화물을 필요로 합니다. 탄수화물이 없으면 신체는 효율적으로 지방을 에너지로 전환할 수 없습니다. 따라서 산행 중 효율적으로 지방을 연소시키기 위해서는 적정량의 탄수화물 섭취가 반드시 필요합니다. 단백질은 또한 산행 중에 에너지 생산에 기여할 수는 있지만, 짧은 산행 중에는 중요한 에너지원은 아닙니다. 체내에서 글리코겐(탄수화물 종류)이 고갈되고, 탄수화물 섭취가 부족하면 신체는 에너지를 생성하기 위해 근육 단백질을 분해하기 시작할 수 있습니다. 여러분이 요즘 제일 무서워하는 '근손실'을 피하게 위해서도 산행 중에 탄수화물 섭취는 필수입니다.

아웃도어큐레이터 CHECK

배낭 부위별 수납 가이드 예시

장비를 사용하게 될 빈도와 상황을 예측하여 적재적소에 물품을 분하여 수납하는 해야한다. 배낭을 잘못 꾸려서 상·하, 좌·우 무게 균형이 맞지 않으면 신체 밸런스가 무너지게 되어 에너지 소모가 금방 일어나게 되기 때문이다.

자주 사용하는 물건
(가벼운 것)

가벼운 것   무거운 것

사용 빈도가 낮은 물건
(가벼운 것)

등산과 날씨

날씨는 등산을 즐기는 데 있어 가장 큰 영향을 미친다고 할 수 있다. 뉴스에 보도되거나 앱을 통해 검색하는 기본적인 날씨 정보만으로 산행지의 현지 날씨를 예측하고 대응하기 어렵지만 기상 용어나 구름 모양을 익히고, CCTV로 실시간 현지 상황을 파악할 수 있다면 산행을 좀 더 안전하게 즐길 수 있을 것이다.

CCTV로 날씨 확인하기

Q 기상청 예보만으로는 날씨를 가늠하기 어려운 것 같습니다. 이밖에 날씨를 알 수 있는 방법은 없을까요?

A 기상청 날씨 예보와 실제 산악 날씨는 다른 양상을 보이는 경우가 꽤 있습니다. 산행지에 방문하기 전 또는 이동 중에 CCTV를 통해 현지 상황을 확인하면, 날씨에 따라 산행 계획을 수정하는데 도움이 됩니다. 구름(운해)으로 인해 시야가 보이지 않는지, 비나 눈이 얼마나 내리고 있는지 확인할 수 있습니다. 꼭 CCTV로 현지상황이 확인되지 않더라도 인근 지역의 날씨로 현지 날씨 상태를 추정해 볼 수 있습니다.

> ### 아웃도어큐레이터 CHECK
>
> **CCTV로 실시간 날씨 확인이 가능한 산**
>
> ◈ **국립공원공단**
>
> 설악산(대청봉, 울산바위), 오대산(두로령), 치악산(상원사), 태백산(천제단), 지리산(천왕봉, 장터목), 덕유산(설천봉), 소백산(연화봉), 무등산(장불재), 계룡산(갑하산), 주왕산(절재), 북한산(백운대, 사패산), 한려해상(각산)
>
> ◈ **한라산국립공원**
>
> 백록담, 왕관릉, 윗세오름, 어승생악, 1100도로

◈ **KBS재난정보포털**

　선자령(대관령으로 노출), 감악산(파주)

◈ **네이버 지도, 카카오맵 혹은 전국 주요 고속도로 및 국도변에 설치된 CCTV**

　운두령(계방산), 한계령(설악산), 진고개(오대산), 두문동재(함백산), 뱀사골(지리산)

구름 모양으로 날씨 예측하기

Q 오랜 시간 동안 산행을 하다 보면 구름의 모양이 변하는 경우가 꽤 있습니다. 구름의 모양으로 날씨를 예측할 수 있나요?

A 네 물론입니다. 세계기상기구(World Meteorological Organization, WMO)는 구름의 유형을 높이에 따라 3가지 유형(상층운, 중층운, 하층운), 모양에 따라 10가지로 분류하고 있습니다. 이를 통해 우리는 야외활동 중에 날씨 변화를 예측하고 대비할 수 있을 것입니다.

구름 이름에 들어간 단어의 의미로는 '권', '층', '적', 난(란)'으로 구분할 수 있는데요. 각각 의미는 머리카락/깃털 모양, 수평 방향으로 퍼져 있다, 수직 방향으로 쌓여 있다, 불안정하다(비나 눈이 올 가능성이 높다)입니다.

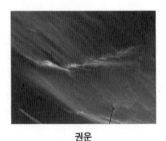

권운

맑음 날씨가 변화하고 있음

권층운

겨울에 흔하게 볼 수 있음. 12~24시간 내에 비/눈이 내릴 가능성 있음

권적운

춥고 맑은 날씨

고적운

양호한 상태. 따뜻하고 습한 아침의
고적운은 오후 늦게 천둥번개 가능성 있음

고층운

눈이나 비가 약하게 내림. 고층운이 두
꺼워지면 난층운으로 변하는 경우 많음

난층운

고층운이 두꺼워진 상태
눈이나 비가 지속적으로 내림

적운

맑고 온화한 상태. 보통 아침에
나타나고 저녁에 사라짐

층운

흐린 날씨(산 위에서는 안개). 사라지면
맑은 날씨를 보임. 지표면으로
하강하면 이슬비가 눈이 내릴수 있음

층적운

일교차가 크면 건조한 상태를 보임.
약한 비가 내릴 수 있음

적란운

따뜻하고 습한 공기가 상승. 구름이
수직으로 크게 발달. 강한 비(소나기),
우박, 천둥번개, 태풍 가능성 있음

기상청 일기예보 용어

Q 슬기로운 아웃도어 생활을 위해 기상청 일기예보와 관련된 몇 가지
용어를 익혀두고 싶습니다.

A 방송이나 뉴스기사를 기사를 통해 날씨 예보를 접하다 보면, 용어의 기준(ex. 강
수량, 적설량, 시간대, 지역 구분)에 대해 헷갈리는 경우가 많습니다. 아웃도어 활동
은 날씨에 따른 영향을 많이 받기 때문에 사전에 기상예보 용어를 숙지하시면
산행 계획을 세우거나 수정하는 데 많은 도움이 될 것입니다.

아웃도어큐레이터 CHECK

기상예보 예시

- 3일 저녁~4일 이른 새벽, 중부지방 중심 강하고 많은 눈
- 경기동부, 강원영서 최대 15cm 매우 많은 눈
- 그밖 수도권, 충북북부, 경북북동산지 최대 10cm 많은 눈
- 3일 늦은 밤~4일 새벽, 남부지방 눈/비

하늘 상태 표현

표현 용어	맑음	구름많음	흐림
구름양	0~50%	60~80%	90~100%

바람(풍속) 표현

표현 용어	약간 강한 바람	강한 바람	매우 강한 바람
바람의 세기	4~9m/s 미만	9~14m/s	14m/s~이상

강풍특보 기준

강풍 주의보	강풍 경보
14m/s 이상 또는 순간 20m/s 이상	21m/s 이상 또는 순간 26m/s 이상

강수 표현

표현 용어	약한 비	(보통) 비	강한 비	매우 강한 비
시간당 강수량	1~3mm 미만	3~15mm 미만	15~30mm 미만	30mm 이상
표현 용어	**빗방울**		**눈 날림**	
강수량/적설	0.1mm 미만		0.1cm 미만	

※ 육안으로 확인되지만, 강수량(적설)을 기록하기 어려운 정도를 빗방울(눈 날림)로 표현한다.

시간 범주 표현

	0시 3시 6시 9시 12시 15시 18시 21시 24시							
2등분	오전(0~12시)				오후(12~24시)			
4등분	새벽(0~06시)		오전(6~12시)		오후(12~18시)		밤(18~24시)	
8등분	이른 새벽 (0~3시)	늦은 새벽 (3~6시)	아침 (6~9시)	오전 (9~12시)	낮 (12~15시)	오후 늦게 (15~18시)	저녁 (18~21시)	밤늦게 (21~24시)

※ 경계가 모호할 때는 '무렵'이라는 표현 사용(자정을 기준으로 1시간 전후)

빈도 표현

한때	예보대상 구간 내에서 연속하여 일시적(전체 중 50%미만)으로 한번 나타남
가끔	예보대상 구간 내에서 띄엄띄엄 여러 번(전체 중 50%이하) 나타남

기온예보 표현

아침 최저기온	03:01에서 09:00 사이의 가장 낮은 기온 값
낮 최저기온	09:01에서 18:00 사이의 가장 높은 기온 값
밤 최저기온	18:01에서 다음날 09:00 사이의 가장 낮은 기온 값

지형특성에 따른 분류

산지(산간)	해발고도 600m 이상 또는 들이 적고 산이 많은 지역 (산간과 산악, 고산의 의미를 포함)
중산간	해발고도 200~600m의 고지대(이 경우에는 제주 지역에 한정함)
해안	바다를 접하고 있는 지역(행정구역)
내륙	바다에서 멀리 떨어진 지역(해안을 제외한 육지 행정구역)
일부	해당 예보 구역 전체의 50 % 미만
대부분	해당 예보 구역 전체에 거의 가까운 정도

등산과 자연

산에서 비슷한 색상과 생김새를 지닌 식물이나 꽃을 보면 이름이 헷갈리는 경우가 많다. 야간이나 새벽에 산행을 하다 보면 별이나 별자리 이름이 몹시 궁금한 상황이 있다. 이럴 때 참고하여 도움 되는 정보와 앱을 모아봤다.

억새/갈대 차이

Q **억새와 갈대의 차이를 알고 싶습니다.**

A 산과 하천 주변에서 흔히 보이는 억새와 갈대는 비슷하게 생겨 헷갈리기 쉽습니다. 특히 하천이나 호숫가 주변에 두 식물이 함께 자라나는 경우가 있어 더욱 그러하죠. 억새와 갈대는 여러해살이 식물이라는 공통점이 있지만, 서식지와 키, 잎의 넓이, 열매의 색깔과 모양 등으로 구분할 수 있습니다. 흔히 '억새꽃'이라 부르는 억새의 부위와 갈대의 풍성하게 보이는 부위는 열매에 해당합니다.

	억새	갈대
생김새		
서식지	산이나 들판	물가(습지, 저수지, 강하구 근처)
	물이 부족해도 잘 자라는 편	물을 좋아하는 편
키	1~2m	2~4m
열매 색깔	흰색, 은빛에 가까운 편	붉은색, 갈색에 가까운 편
열매 모양	갈대가 억새에 비해 풍성한 편	

	1~2cm	2~4cm
잎	갈대가 억새에 비해 잎이 넓은 편	
줄기	갈대가 억새에 비해 두꺼운 편	

진달래/철쭉/산철쭉 차이

Q 모두 비슷한 분홍색인데 진달래와 철쭉, 산철쭉의 차이는 무엇인가요?

A 진달래와 철쭉, 산철쭉은 모두 진달래과의 식물로 봄철에 산을 붉게 물들이는 대표적인 야생화이지만 혼동을 일으키는 식물이기도 합니다. 지역과 해발고도에 따라 차이가 있지만, 진달래가 철쭉보다 대체로 먼저 피어나며, 진달래는 꽃이 먼저 핀 다음에 잎이 돋아나지만, 철쭉(산철쭉 포함)은 꽃과 잎이 동시에 돋아난다는 특징이 있습니다. 결정적으로 구분하는 방법은 잎이나 꽃받침을 만져보면 알수 있는데, 철쭉(산철쭉)은 점액질 성분이 있어 끈적끈적합니다.

진달래는 먹을 수 있고 쓰임새가 많아 순우리말로 '참꽃', 철쭉은 독성분이 있어 먹지 못하고 쓸모가 없다 하여 '개꽃'이라 불리어 왔습니다.

	진달래	철쭉	산철쭉
	꽃이 먼저, 잎은 나중에	꽃과 잎이 동시에 돋아남	
꽃 색깔	분홍~진한 분홍	연한 분홍	진한 분홍~연보라
꽃받침	없다	있다(끈적거린다)	
반점	없거나 있따(엷은 편)	있다(선명하고 진하다)	
잎	끈적거리지 않는다	끈적거린다	
키	2~3m	2~5m	1~2m

Q 산행 중 발견한 꽃 이름이 궁금합니다.

A 꽃 이름을 모를 때는 다음 앱 검색창의 '꽃검색', 네이버 앱의 렌즈(스마트렌즈) 기능을 이용해서, 1. 눈 앞에 있는 꽃을 찍거나 2. 갤러리에 저장된 꽃사진을 불러오면 AI 기술 기반의 이미지 인식 기술을 통해 꽃 이름을 알려줍니다.

1. 검색창 우측 마이크 클릭	2. '꽃검색' 선택
3. 프레임에 맞게 꽃 촬영	4. 꽃 정보 확인 가능

식물 이름을 모를 때에는 '모야모'는 식물애호가들이 모여있는 커뮤니티 앱을 활용해보세요. '이름이 모야? 코너에 궁금한 식물이나 꽃, 나무 등을 찍어 업로드하면 식물애호가들이 이름을 알려줍니다. 앞서 소개한 다음 꽃검색 서비스는 확률로 알려준다면(이꽃은 ○○○일 확률이 ○○%입니다), 모야모 서비스는 사람이 직접 알려주기 때문에 정확도가 좀 더 높다는 장점이 있습니다.

별자리/별 이름을 모를 때 야간산행이나 일출 산행 중에 하늘이 매우 맑다면 도심에서도 밤하늘을 수놓는 많은 별을 볼 수 있는데요. 앱 마켓에 '별자리'로 검색하면 무료로 사용할 수 있는 앱이 많습니다. 휴대폰을 별자리 혹은 별 방면으로 향하면 이름을 알려줍니다.

Star Walk 2 앱과 Stellarium 앱

아웃도어큐레이터 CHECK

산행에 유용한 앱

명칭	주요 기능
블랙야크 알파인클럽	- 블랙야크에서 운영 중인 도전프로그램 인증, 커뮤니티 앱 - 명산100, 명산100+, 백두대간, 섬&산100 등 다양한 인증 프로그램 운영 - GPS와 사진 기반으로 인증 실시 - 명산100 첫 인증, 49좌, 99좌 인증 완료 시, 블랙야크 제품 20% 할인 쿠폰 제공 - 명산100 또는 기타 도전프로그램 인증 완료 시, 산 높이 만큼 포인트 제공
국립공원 산행정보	- 국립공원공단에서 운영 중인 국립공원 종합 서비스 앱 - 22개 국립공원의 오프라인 지도 무료 다운로드, 온라인 지도서비스 제공 - 각 국립공원 추천 코스 소개(난이도, 이동거리, 소요시간) - 각 국립공원 날씨 및 공지사항(입산통제) 정보, 위험지역 안내 - 위급 상황 발생 시, GPS 기반 구조 요청 기능 탑재

두루누비	- 한국관광공사에서 운영 중인 둘레길 관련 종합 서비스 앱 - 코리아둘레길(해파랑길, 남파랑길, 서해랑길, DMZ평화의길) 특화 앱으로각 코스별 난이도/소요시간/이동거리/교통편 확인, 따라가기 기능 탑재 - 편의시설(숙박, 화장실, 편의점, 짐보관) 안내 기능 제공 - 스탬프 인증 앱, 완보인증서 발급 앱으로 활용 가능
올레패스	- 사단법인 제주올레에서 운영 중인 제주올레길 종합 서비스 앱 - 제주올레길 각 코스별 소요시간/이동거리/교통편 확인, 따라가기 기능 탑재 - 편의시설(화장실, 구급함, 클린하우스) 안내 기능 제공 - 올레페이 충전을 통해 가맹점(맛집, 카페, 숙소, 쇼핑)에서 활용 가능 - 스탬프 인증 앱, 완주증서 발급 앱으로 활용 가능
한양도성 스탬프투어	- 서울시에서 운영 중인 한양도성 소개 및 순성길 안내 종합서비스 앱 - 한양도성 순성길 각 코스 안내(난이도, 소요시간, 이동거리, 오디오가이드 등 제공) - 편의시설(화장실, 와이파이존, 주차장) 안내 - 스탬프 인증 앱, 완주인증서 발급 앱으로 활용 가능
응급처치- 국제적십자사 연맹	- 국제적십자사 연맹에서 운영 중인 응급처치 정보 제공 앱 - 앞서 소개한 다양한 위급 상황(저체온증, 골절, 출혈, 기도폐쇄)에 대한 응급처치 요령을 동영상 또는 이미지, 텍스트 형태로 제공

뱀을 만났을 때

Q 산행 중 뱀을 만났을 때 어떻게 대처하면 좋을까요?

A 야외 활동을 하다 보면 뱀을 마주치는 건 흔한 일입니다. 꼭 산이 아니어도 도심의 하천변에서 발견되거나 도로에서 자동차 바퀴에 밟혀 죽은 뱀의 흔적을 우리는 심심치 않게 볼 수 있습니다. 뱀물림 사고는 5월에서 11월 사이에 빈번하게 발생하며 그중에서도 여름철 휴가기간, 성묘, 벌초, 농사 기간에 환자가 많이 발생한다고 합니다.

뱀은 약간 쌀쌀한 기온에서 가장 활동적입니다. 그들은 이른 아침과 일몰 무렵에 가장 많이 움직입니다. 뱀은 수풀이 있는 지역에서 주로 먹이를 찾아 사냥을 합니다. 일부 뱀은 야행성이지만, 대부분의 뱀은 낮에 주로 활동합니다. 뱀은 생존을 위해 먹이(쥐나 곤충, 개구리, 두꺼비, 조류), 물, 피난처가 필요합니다. 일반적인 상식으로는 우거진 수풀과 나무, 개울가에 많이 나타날 것 같지만, 고지대 암릉에서도 쉽게 발견됩니다. 바위나 콘크리트 구조물(ex. 옹벽)은 한낮의 태양열을 흡수하여 따뜻한 상태로 유지되기 때문에 뱀이 근처에 있을 가능성이 있습니다. 잘 보이지 않는 바위 밑이나 구멍에 가까이 가거나 손이나 발을 넣으면 위험한 이유입니다. 흙으로 된 등산로나 낙엽이 쌓인 곳에서도 뱀을 자주 목격할 수도 있습니다. 색깔이 비슷하여 멀리서 알아보기가 쉽지 않습니다. 하지만 '구더기 무서워 장 못 담근다' 속담처럼 뱀이 무서워 야외활동에 두려움을 느낄 것이 아니라, 뱀의 특성과 물렸을 때 대처방법을 숙지하고 계신다면 안전하게 아웃도어 라이프를 즐길 수 있을 것입니다.

도깨비풀이 옷에 걸렸을 때

Q 가을 산행시에 등산복에 이것저것 달라붙어 옷에 몰이 생기는 등 금방 손상되기도 합니다. 이럴 경우 어떻게 관리하는 것이 좋을까요?

A 가을철 또는 겨울철에 야외활동을 하다 보면 옷이나 양말, 신발끈 등에 도깨비풀이 달라붙는 상황을 누구나 한번쯤 경험하셨을 겁니다. 이러한 식물들은 가시 모양의 씨 끝에 갈고리 모양의 털이 있어 다른 물체에 잘 달라붙는 특

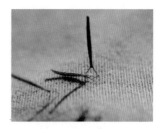

성을 지녔습니다. 바늘을 닮은 뾰족한 씨가 도깨비처럼 다른 곳에 몰래 붙어 씨를 퍼트린다고 해서 도깨비풀이라는 명칭으로 일반인들에게 통용되고 있죠.

갈고리 모양의 열매를 떼어내다 보면 보풀이 생기거나 구멍이 생기는 등(약한 소재의 옷감) 옷감이 상하는 원인이 됩니다. 소량이 붙었을 땐 그 자리에서 '손'으로 떼어내는 게 좋습니다. 그러나, 도깨비풀이 대량으로 붙었을 땐 청테이프의 끈끈한 면에 부착하여 떼어내거나, 간격이 촘촘한 빗으로 빗질하듯이 훑으면 수월하게 떼어낼 수 있습니다.

도깨비풀이 붙지 않도록 하는 방법

◈ **첫째, 탐방로 벗어나지 않기**

지정된 탐방로 이용, 저지대 탐방로 가장 자리로 가까이 걷지 않기(탐방로 주변에 분포), 풀숲이나 밭에 들어가지 않기, 강/호수/저수지 주변에 많이 분포하므로 주의한다.

◈ **둘째, 매끈한 소재의 등산복 착용하기**

국립공원공단 실험결과에 따르면 표면이 매끈하게 제작된 등산복에는 거의 달라붙지 않은 반면, 직물 사이에 미세한 공간 또는 기모 처리, 주름이 있는 경우 열매가 옷감에 달라붙는 확률이 평균 90% 이상인 것으로 나타났다.

◈ **셋째, 바지나 스패츠로 등산화 덮기**

양말이나 등산화 끈 부위에도 잘 달라붙기 때문에 바지로 등산화끈을 가리거나 스패츠를 착용하면 피해를 줄일 수 있다.

벌을 만났을 때

Q 느닷없이 벌이 나타날 때 무섭습니다. 벌이 꼬이지 않게 하려면 어떻게 해야할까요?

A 벌은 산행 중에 마주할 수 있는 대표적인 곤충입니다. 7월에서 9월에 전체 벌쏘임 사고의 절반 이상이 발생하며, 특히 8월에서 9월은 벌의 활동이 왕성해지고 독이 강해지기 때문에 주의가 필요합니다. 말벌은 외진 장소에만 나타나는 것이 아니라, 등산객들이 자주 다니는 등산로에도 출현합니다.

평소 벌 쏘임을 예방하려면 다음과 같은 대비가 필요합니다.

• **밝은 색 의류 선택** 특히 말벌이 공격성을 높게 띄는 어두운 색보다 밝은 컬러의 옷(흰색, 노란색)과 모자를 착용하고 팔/다리 부위의 피부 노출을 최소화하는 옷차림이 효과적입니다.

- **챙이 넓은 모자 착용** 말벌은 검은색 털이 있는 머리 부위를 집중 공격하기 때문에 챙이 있는 모자는 말벌의 공격을 1차 방어할 수 있습니다.
- **강한 향기 지양** 향기가 강한 화장품이나 향수 등은 벌을 유인할 수 있으므로 자제, 향이 강한 화장품 등의 사용을 자제합니다.
- **달콤한 음식, 음료 지양** 달콤한 과일이나 탄산 음료 등은 벌이 좋아하기 때문이 주의. 달콤한 음식을 섭취하고자 한다면 밀폐용기나 지퍼백에 담아 가서 (번거롭더라도) 빠르게 여닫으며 섭취하기를 반복합니다.
- **조심히 벗어나기** 주변에 벌이 있지만 공격 당하기 전이라면, 벌을 자극하는 큰 동작을 하지 말고, 조심스럽게 벗어납니다.
- **빠르게 벗어나기** 벌집을 건드려 벌이 쏘기 시작하면 그 자리에서 벗어나 20m 정도 떨어진 곳으로 즉시 대피. 이때. 놀라서 땅에 엎드리거나, 팔을 휘저으면 더욱 많이 공격받기 쉬우므로 머리 부분을 보호하며 신속히 그 자리에서 벗어납니다.

자연보호하며 등산하기(LNT 환경운동)

Q 국립공원 관리사무소는 여름 성수기 때 빈번하게 일어나는 불법, 무단행위에 대해 집중단속한다는 기사를 보았는데요. 자연을 보호하기 위한 등산법이 따로 있을까요?

A 우리나라에서는 출입금지된 지역에 무단침입한다거나 지정된 장소 이외 구역에서 취사, 야영을 할 경우 등 '자연공원법'에 의해 과태료를 부과하고 있습니다. 미국 국립공원 환경단체에서는 LNT 환경운동을 하고 있는데요. '흔적 남기지 않기 (Leave No Trace)'로 장소나 상황에 관계 없이 모든 야외 활동에서 사람이 자연에 미치는 영향을 최소화하기 위한 지침을 제시합니다. 다음 7가지 방법을 염두에 두고 산행하시기를 권합니다. 일부 내용은 우리나라 상황에 맞게 수정하였습니다.

1. 사전에 계획하고 준비하기	- 산불방지 기간, 입산 금지 기간 등을 확인합니다. - 정해진 입산 허가 시간에만 방문하도록 합니다. - 가능한 소규모 그룹으로 방문합니다. - 쓰레기를 최소화하도록 식사와 행동식을 준비합니다.
2. 지정된 등산로 이용, 구역에서 야영하기	- 각 국립/도립/군립공원의 지정된 장소에서만 야영 실시 - 식물 생장에 지장이 없도록 정해진 등산로만 이용합니다. - 훼손이 심한 등산로와 구역에는 들어가지 않습니다.
3. 쓰레기/용변 확실하게 처리하기	- 자신이 가져간 물건은 모두 자신이 다시 가져옵니다. - 발생시킨 모든 쓰레기와 음식물은 되가져 옵니다. - 용변은 정해진 장소(화장실)를 이용하되, 정말 급한 용변은 등산로에서 60m 이상 벗어난 곳에서 실시하고 약 15cm~20cm 깊이로 묻어서 처리합니다. - 화장지와 위생용품(ex. 생리대) 등도 되가져 옵니다.
4. 발견한 것 그대로 두고 훼손하지 않기	- 바위, 꽃과 나무 등 자연에서 발견한 것은 있는 그대로 두며, (예쁘게 보이더라도) 집으로 가져오지 않습니다. - 문화재나 정상석, 인공 구조물 등을 훼손하지 않습니다.
5. 불 사용 최소화하기	- 불을 사용한 요리는 지정된 대피소나 야영장에서만 실시합니다. - 대형 산불을 일으킬 수 있으므로 모닥불을 지피거나 담배를 피는 행위는 하지 않습니다.
6. 야생동물 배려하기	- 야생동물을 발견하면 눈으로만 관찰하고 위협을 가하거나, 죽이지 않습니다. - 야생동물에게 먹이는 주지 않는 것이 좋습니다. 선의와 달리, 건강을 해치거나 전염병이 퍼질 수 있습니다. - 큰 소음은 야생동물을 놀라게 할 수 있으므로 지양해야 합니다.
7. 다른 탐방객들을 배려하기	- 다른 탐방객들이 즐거운 경험을 할 수 있도록 배려해 줍니다. - 등산로와 정상석이 붐빌 때 질서를 잘 지키고 양보해야 합니다.

자연휴양림/국립공원 이용 가이드

등산로 난이도는 실제로 탐방해보기 전까지는 어느 수준인지 가늠하기 어렵다. 그러나 국립공원 탐방로 난이도 등급은 비교적 표준화되어 있기 때문에, 각기 다른 국립공원 산행지를 찾을때 산행 준비와 체력 안배와 페이스 조절 등에 도움이 될 수 있다.

자연휴양림/산림욕장

Q 등산하는 것은 부담스럽고, 산과 친숙해지고 싶은데 어디부터 가면 좋을까요?

A 울창한 숲, 맑은 물이 흐르는 계곡, 통나무집, 호젓한 숲속, 산책로가 생각나면 가까운 자연휴양림이나 산림욕장을 찾아보세요.

자연휴양림(전국 171개소)은 숙박시설, 편의시설 등 기본적인 휴양시설을 설치하여 국민의 보건휴양, 정서함양, 산림교육 등을 목적으로 운영하는 시설입니다. 산림청에서 운영하는 국립 자연휴양림 외에도 지자체에서 운영하는 공립 자연휴양림과 개인이 운영하는 곳도 있습니다. 일반적인 숙박시설(ex. 호텔, 모텔, 펜션)에 비해 숙박료가 저렴한 편입니다. 대부분 휴양림 내에 산책로가 마련되어 있어 부담스럽지 않게 걷기를 즐길 수 있습니다. 각 지자체에서 운영 중인 산림욕장(전국 217개소)도 산책로와 편의시설이 잘 조성되어 있습니다.

┌─ 아웃도어큐레이터 CHECK ─┐

자연휴양림 예약방법

 숲나들e

www.foresttrip.go.kr

국립/공립(지자체)/사립휴양림 예약 가능

장태산의 가을

국립공원 대피소 이용 안내

Q 지리산 종주 산행을 준비하고 있습니다. 2박 3일 일정으로 준비하려고 하는데요. 비박하기보다 대피소를 이용하고 싶습니다.

A 국립공원 대피소는 보통 일출 산행 또는 종주 산행을 목적으로 숙박을 하고자 이용하는 분들이 많습니다. 대피소에서 숙박하지 않고, 입산 허용 시간에 맞춰 새벽 일찍 오르더라도 체력이 좋지 않은 분들은 일출을 보기가 쉽지 않습니다만, 대피소에서 숙박을 하면 여유롭게 일출을 감상을 할 수 있다는 장점이 있습니다. 지리산 종주의 경우, 체력이 좋은 분들은 당일에 마치기도 하지만 체력적으로 매우 힘들고 경치를 즐길 여유가 없습니다. 그래서, 1박 2일 또는 2박 3일 일정으로 도전하는 것이 좋습니다. 참고로 국립공원에서는 지정된 장소(야영장) 외에 비박을 하는 행위는 불법이며, 과태료가 부과될 수 있습니다.

숙박 가능한 국립공원 대피소

국립공원	대피소명	수용인원(명)	전화번호
지리산	노고단	108	061-783-1507
	로타리	30	010-2851-1401
	벽소령	130	010-7167-1426
	세석	240	010-3346-1601
	연하천	95	063-630-8929
	장터목	155	010-2883-1750
	치밭목	60	055-970-1000
	피아골	36	061-783-1928
설악산	수렴동	18	010-2599-1715
	희운각	30	010-4458-1713
	소청	76	010-2716-1710
	양폭	14	010-9696-1708
덕유산	삿갓재	46	010-5423-1452
	향적봉	38	063-322-1614
소백산	제2연화봉	97	043-423-1439

※ 설악산 중청대피소는 노후화로 인해 철거되며, 숙박 기능이 없는 대피소로 신축할 예정이다.

이용 요금	주말 및 성수기 : 13,000원 주중 및 비수기 : 12,000원 주중 : 법정공휴일의 전일을 제외한 매주 일요일~목요일 주말 : 매주 금요일, 토요일, 법정공휴일의 전일(임시공휴일 제외) 성수기 : 5/1~11/30일 비수기 : 성수기를 제외한 기간
입실 시간	입실은 15시부터 가능 하절기(4월~10월) : 19시까지 미등록 시 자동 취소 동절기(11월~3월) : 18시까지 미등록 시 자동 취소

가능한 행위	취사(가스 버너를 이용한 음식물 조리 가능, 국물 음식 조리 가능) 숙박(사전 예약자에 한함, 당일 방문 후 이용 불가)
주의 사항	봄/가을철 산불방지 입산통제 기간 중 운영하지 않는 대피소 있음 봄/가을철 탐방객이 많은 시즌에는 인기 대피소는 빠르게 예약 마감 예약자와 동행인 신분 확인을 위해 신분증을 지참하고 방문해야 함 대피소는 고지대에 위치하여 비나 눈이 내리는 경우가 잦아 비와 아이 젠, 스패츠 지참 권장 휴대폰, 지갑, 스틱, 등산화 등 분실이 있을 수 있으므로 주의
예약 사이트	국립공원공단 예약시스템 이용(https://reservation.knps.or.kr/) 사설 대피소인 덕유산 향적봉 대피소는 '네이버 예약' 이용

국립공원 대피소 판매 물품

구분	판매 물품
지리산	**공통 판매** 생수(500ml, 2L), 화장지, 부탄가스, 이소가스, 햇반, 우비 **대피소별 상이** 아이젠, 스패츠, 헤드랜턴, 건전지(AA, AAA), 생리대, 압박붕대, 에어파스, 면장갑
설악산	생수(500ml, 2L), 화장지, 부탄가스, 이소가스, 햇반, 아이젠, 스패츠, 우비, 목장갑, 손전등, 건전지
덕유산	**삿갓재 대피소** 생수(500ml, 2L), 화장지, 부탄가스, 이소가스, 햇반, 아이젠, 스패츠, 우비, 손전등, 건전지, 초코파이, 자유시간, 캔커피 **향적봉 대피소(사설 대피소로 판매하는 물품 많은 편)** 생수(500ml), 화장지, 이소가스, 햇반, 아이젠, 스패츠, 우비, 건전지 (2A), 목장갑, 컵라면, 초코파이, 자유시간, 연양갱, 빠다코코넛, 커피 믹스, 황도, 포카리스웨트, 콜라
소백산	생수, 음료수, 아이젠, 우비, 햇반, 초코바, 초코파이, 연양갱

※ 생수는 조기에 소진되는 경우도 꽤 있기 때문에, 방문 전에 해당 국립공원 홈페이지 또는 전화
로 확인해야 한다.

Q 산에서 위급상황이 발생했거나 조난을 당했을 때 어떻게 대처하면 좋을까요?

A 위치번호를 기반으로 구조를 요청할 수 있습니다. 국립공원은 국립공원 자체적으로 위치번호가 표기된 표지판을 설치해서 운영 중이며, 그 밖의 산에는 각 관할 지방자치단체, 소방청, 경찰청 등에서 위치번호를 각기 다르게 운영 중이기도 합니다. 따라서 가고자 하는 산행지 위치번호 표지판 보는 법을 미리 숙지 하고 가는 것이 좋습니다.

국립공원 구조 요청 방법

국립공원에는 탐방로 상에 보통 약 500m 간격으로 설치(한라산은 약 250m)되어 있지만, 인적이 드문 탐방로는 설치 간격이 길기 때문에, 휴대폰 카메라로 미리 찍어 두는 것도 좋은 방법입니다. 현위치의 번호를 식별하여 탐방객의 현위치를 파악 또한 각 공원사무소의 연락처와 가까운 119구조대의 연락처가 기재되어 있어 탐방객들이 조난 시 자신의 위치를 알려줄 수 있습니다.

'국립공원 산행정보' 앱을 다운로드 받으시면 환경부 관할 국립공원 뿐만 아니라 한라산을 포함하여 전국 22개 국립공원에서 GPS를 기반으로 신속한 구조 요청이 가능합니다.

국가지점번호를 활용한 구조 요청 방법

국가지점번호는 기존의 각 기관(국립공원공단, 소방청, 경찰청, 지자체, 산림청 外)에서 운영 중인 위치안내표지판이 제 각각 설치 운영되어, 긴급상황 발생 시 체계적인 대응이 곤란하고 사각지대가 발생하는 문제점을 보완하고자 만든 제도입니다. 전 국토를 10×10m의 격자형으로 나누고 위치번호를 부여하여 2013년부터 실시하고 있으며, 산악 • 해안지역에서 사고 발생 시 구조 요청에 활용할 수 있습니다. 현재 전국에 약 7만 4천개가 설치되어 있습니다. 행정안전부는 2022년 2월부터 모바일로도 국가지점번호를 확인할 수 있도록 공개하고 있습니다.

 행정안전부에서 운영 중인 주소 정보 사이트(www.juso.go.kr) 또는 '생활안전지도' 어플리케이션을 다운받으시면 위급 상황 시에 활용할 수 있습니다.

전봇대 위치번호를 구조 요청 방법

전봇대는 전국적으로 약 850만개가 설치되어 있고, 도심지역은 약 30m 내외, 농촌 지역은 약 50m 내외로 설치되어 있으며, 산 위에도 설치된 곳이 많습니다. 전봇대의 성인키 높이에는 한국전력에서 붙여 놓은 '전주번호찰'이 있습니다. 경도와 위도를 포함한 지리정보 데이터와 선로명

칭 그리고 그 선로에서 몇 번째 위치한 전봇대인지를 알려주는 일종의 전봇대의 '위치정보'입니다.

긴급구조나 도움이 필요한 위급한 상황에 처하면 인근의 전봇대를 찾아서, '전주번호찰'의 8자리 숫자를 112 또는 119에 알려주면 됩니다. 이 번호가 접수되면 '경찰의 112신고 통합시스템과 119상황실 지리정보시스템'과 연동되어 신고자의 정확한 위치가 파악됩니다. 휴대폰 GPS 위치 추적보다도 정확도가 높다고 합니다. 휴대폰 GPS 위치추적의 경우 도심권에서는 추적반경이 500m, 도심권을 벗어나면 2~3km나 되지만, 전봇대의 경우 25m 범위 안에서 위치 추적이 가능하기 때문입니다.

PART 4

세상은 넓고 가야 할 곳도 많다

전국
산행지
리스트

계절별/테마별로 찾으면 좋은 산행지를 골랐다. 전국 수
많은 산을 평생 동안 찾는 것은 어려울 수도 있지만, 산
행지 특성을 파악하고 계획한다면 원하는 목적을 이룰
수 있을 것이다. 완등 후 완등 일자를 적어 나만의 등산
버킷리스트를 완성해 나가며 도전하는 것도 즐거운 산
행을 만드는 일이 될 것이다.

100대 명산

산림청 선정, 블랙야크 명산

번호	지역	산행지	인증봉우리 (*블랙야크 기준)	해발고도
1	강원	가리산	정상	1,051m
2	강원	가리왕산	정상	1,561m
3	경남	가야산(경상)	우두봉	1,430m
4	충남	가야산(충남)	정상	678m
5	경남	가지산	정상	1,241m
6	강원	감악산(원주)	정상	930m
7	경기	감악산(파주)	정상	675m
8	전북	강천산	왕자봉	584m
9	충남, 대전	계룡산	관음봉	766m
10	강원	계방산	정상	1,577m
11	강원	공작산	정상	887m
12	서울, 경기	관악산	정상	629m
13	충남	광덕산	정상	699m
14	충북, 경북	구병산	정상	877m
15	전북	구봉산	천왕봉	1,002m
16	경남	금산(남해)	정상	681m
17	충북	금수산	정상	1,016m
18	경북	금오산	현월봉	977m
19	부산, 경남	금정산	고당봉	801m
20	전남	깃대봉	정상	365m
21	경북	남산(경주)	금오봉	468m
22	전북	내변산(변산)	관음봉	424m

산림청 100	블랙야크 100	국립/도립/시립/군립공원	완등
○	○		20 . .
○	○		20 . .
○	○	가야산국립공원	20 . .
	○	덕산도립공원	20 . .
○	○	가지산도립공원	20 . .
	○		20 . .
○	○		20 . .
○		강천산군립공원	20 . .
○	○	계룡산국립공원	20 . .
○	○	오대산국립공원	20 . .
○			20 . .
○	○		20 . .
	○		20 . .
○	○		20 . .
	○		20 . .
○		한려해상국립공원	20 . .
○	○	월악산국립공원	20 . .
○	○	금오산도립공원	20 . .
○	○		20 . .
○		다도해해상국립공원	20 . .
○	○	경주국립공원	20 . .
○	○	변산반도국립공원	20 . .

번호	지역	산행지	인증봉우리 (*블랙야크 기준)	해발고도
23	경북	내연산	삼지봉	711m
24	전북	내장산	신선봉	763m
25	강원	노인봉	정상	1,338m
26	전남	달마산	달마봉	489m
27	전북, 충남	대둔산	마천대	878m
28	강원	대암산	정상	669m
29	경북, 충북	대야산	정상	930m
30	전남	덕룡산	동봉/서봉	432m
31	충남	덕숭산	정상	495m
32	전북	덕유산	향적봉	1,614m
33	강원	덕항산	정상	1,071m
34	충북	도락산	정상	964m
35	서울	도봉산	신선대	730m
36	전남	동악산	시루봉	735 m
37	전남	두륜산	가련봉	703m
38	강원	두타산	정상	1,353m
39	인천	마니산	정상	472m
40	전북	마이산	암마이봉/비룡대	686m
41	경기	명성산	정상	922m
42	경기	명지산	정상	1,267m
43	전북	모악산	정상	793m
44	광주, 전남	무등산	서석대	1,100m
45	경남	무학산	정상	761m
46	경남	미륵산	정상	458m
47	충북, 전북, 경북	민주지산	정상	1,241m

산림청 100	블랙야크 100	국립/도립/시립/군립공원	완등
○	○	내연산시립공원	20 . .
○	○	내장산국립공원	20 . .
	○	오대산국립공원	20 . .
	○		20 . .
○	○	대둔산도립공원	20 . .
○			20 . .
○	○	속리산국립공원	20 . .
	○		20 . .
○		덕산도립공원	20 . .
○	○	덕유산국립공원	20 . .
○	○	대이리군립공원	20 . .
○	○	월악산국립공원	20 . .
○	○	북한산국립공원	20 . .
	○		20 . .
○	○	두륜산도립공원	20 . .
○	○		20 . .
○	○		20 . .
○	○	마이산도립공원	20 . .
○			20 . .
○	○	명지산군립공원	20 . .
○	○	모악산도립공원	20 . .
○	○	무등산국립공원	20 . .
○			20 . .
○			20 . .
○	○		20 . .

번호	지역	산행지	인증봉우리 ("블랙야크 기준)	해발고도
48	전북	바래봉	정상	1,165m
49	전북	반야봉	정상	1,732m
50	전북, 전남	방장산	정상	742m
51	강원	방태산	주억봉	1,444m
52	강원	백덕산	정상	1,350m
53	전남, 전북	백암산	상왕봉	741m
54	전남	백운산(광양)	상봉	1,222m
55	강원	백운산(정선)	정상	882m
56	경기	백운산(포천)	정상	903m
57	서울	북한산	백운대	837m
58	전남	불갑산	연실봉	516m
59	대구, 경북	비슬산	천왕봉	1,084m
60	강원	삼악산	용화봉	654m
61	충남, 충북	서대산	정상	904m
62	전북	선운산	수리봉	336m
63	강원	설악산	대청봉	1,708m
64	경북	성인봉	정상	986 m
65	충북, 경북	소백산	비로봉	1,440 m
66	경기	소요산	의상대	587 m
67	충북, 경북	속리산	천왕봉	1,057m
68	서울, 경기	수락산	주봉	637m
69	울산	신불산	정상	1,159m
70	경기	연인산	정상	1,068m
71	경남	연화산	정상	524m
72	강원	오대산	비로봉	1,563m

산림청 100	블랙야크 100	국립/도립/시립/군립공원	완등
	○	지리산국립공원	20 . .
	○	지리산국립공원	20 . .
○	○		20 . .
○	○		20 . .
○	○		20 . .
○	○	내장산국립공원	20 . .
○	○		20 . .
○	○		20 . .
○			20 . .
○	○	북한산국립공원	20 . .
	○	불갑산도립공원	20 . .
○	○	비슬산군립공원	20 . .
○	○		20 . .
○			20 . .
○	○	선운산도립공원	20 . .
○	○	설악산국립공원	20 . .
○			20 . .
○	○	소백산국립공원	20 . .
○	○		20 . .
○	○	속리산국립공원	20 . .
	○		20 . .
○	○	신불산군립공원	20 . .
	○	연인산도립공원	20 . .
○		연화산도립공원	20 . .
○	○	오대산국립공원	20 . .

번호	지역	산행지	인증봉우리 (*블랙야크 기준)	해발고도
73	강원	오봉산	정상(5봉)	779m
74	충남	오서산	정상	791m
75	경기	용문산	정상	1,157m
76	충남	용봉산	정상	381m
77	강원	용화산	정상	878m
78	경남, 경북	운문산	정상	1,188m
79	경기	운악산	동봉/서봉	937m
80	전북	운장산	운장대	1,122m
81	충북	월악산	영봉	1,097m
82	전남	월출산	천황봉	809m
83	경기	유명산	정상	862m
84	경북, 강원	응봉산	정상	998m
85	전북	장안산	정상	1,237m
86	경남, 울산	재약산	수미봉	1,189m
87	전북	적상산	정상	1,034m
88	강원	점봉산	정상	1,424m
89	전남	조계산	장군봉	888m
90	경북, 충북	조령산	정상	1,026m
91	경북	주왕산	주봉	720m
92	경북	주흘산	영봉	1,106m
93	경남, 전남, 전북	지리산	천왕봉	1,915m
94	경남	지리산(통영)	정상	398m
95	전남	천관산	연대봉	723m
96	경기	천마산	정상	812m
97	경남	천성산	1봉/2봉	922m

산림청 100	블랙야크 100	국립/도립/시립/군립공원	완등
○	○		20 . .
	○		20 . .
○	○		20 . .
	○		20 . .
○	○		20 . .
○		운문산군립공원	20 . .
○	○		20 . .
○	○		20 . .
○	○	월악산국립공원	20 . .
○	○	월출산국립공원	20 . .
○	○		20 . .
○	○	덕구군립공원	20 . .
○	○	장안산군립공원	20 . .
○	○		20 . .
○		덕유산국립공원	20 . .
○			20 . .
○	○	조계산도립공원	20 . .
	○	문경새재도립공원	20 . .
○	○	주왕산국립공원	20 . .
○	○	문경새재도립공원	20 . .
○	○	지리산국립공원	20 . .
○			20 . .
○	○	천관산도립공원	20 . .
○	○	천마산시립공원	20 . .
○	○		20 . .

번호	지역	산행지	인증봉우리 (*블랙야크 기준)	해발고도
98	충북, 충남	**천태산**	정상	714m
99	서울, 경기	**청계산**	매봉	582m
100	경북	**청량산**	장인봉	870m
101	충북	**청화산**	정상	970m
102	전남, 전북	**추월산**	정상	731m
103	경기	**축령산(남양주)**	정상	887m
104	전남	**축령산(장성)**	정상	621m
105	강원	**치악산**	비로봉	1,288m
106	충남	**칠갑산**	정상	561m
107	충북	**칠보산**	정상	778m
108	강원	**태백산**	장군봉/정상	1,567m
109	강원	**태화산**	정상	1,027m
110	대구, 경북	**팔공산**	비로봉	1,193m
111	강원	**팔봉산(홍천)**	2봉	327m
112	전남	**팔영산**	깃대봉	608m
113	제주	**한라산**	백록담	1,950m
114	강원	**함백산**	정상	1,573m
115	경기, 강원	**화악산**	중봉	1,423m
116	경남	**화왕산**	정상	756m
117	경남	**황매산**	정상	1,108m
118	경남	**황석산**	정상	1,192m
119	경북	**황악산**	정상	1,111m
120	경북	**황장산**	정상	1,077m
121	경북, 충북	**희양산**	정상	999m

산림청 100	블랙야크 100	국립/도립/시립/군립공원	완등
○	○		20 . .
	○		20 . .
○	○	청량산도립공원	20 . .
	○		20 . .
○			20 . .
○			20 . .
	○		20 . .
○	○	치악산국립공원	20 . .
○	○	칠갑산도립공원	20 . .
	○		20 . .
○	○	태백산국립공원	20 . .
○	○		20 . .
○	○	팔공산국립공원	20 . .
○	○		20 . .
○	○	다도해해상국립공원	20 . .
○	○	한라산국립공원	20 . .
	○	태백산국립공원	20 . .
○	○		20 . .
○	○	화왕산군립공원	20 . .
○	○	황매산군립공원	20 . .
○	○		20 . .
○	○		20 . .
○			20 . .
○			20 . .

일출 산행

지역	행정구역	산행지	추천 장소	완등	
수도권	서울/경기	북한산	백운대(정상), 비봉, 문수봉	20 . .	
		도봉산	신선대(정상)	20 . .	
		불암산	정상	20 . .	
	서울 광진구	아차산	해맞이공원, 1보루	20 . .	
	서울 종로구	인왕산	정상, 범바위	20 . .	
	서울 서대문구	안산	동봉수대(정상)	20 . .	
	서울 은평구	봉상	해맞이공원(정상)	20 . .	
	경기 남양주시	천마산	정상	20 . . .	
		운길산	수종사	20 . .	
	경기 가평/포천	운악산	만경대, 미륵바위	20 . .	
	경기 가평군	화악산	중봉(정상)	20 . .	
강원도	속초/양양/인제	설악산	대청봉(정상)	20 . .	
	강원 고성군	신선대(성인대)	정상	20 . .	
	강원 태백시	태백산	장군봉(정상), 천제단, 문수봉	20 . .	
	강원 정성군	함백산	정상	20 . .	
	강원 평창군	계방산	정상, 전망대	20 . .	
	강원 원주시	치악산	비로봉(정상)	20 . .	
	강원 정선군	가리왕산	정상	20 . .	
	강원 강릉시	괘방산	패러글라이딩 활공장	20 . .	
경상도	경남 산청군	지리산	천왕봉(정상)	20 . .	
	경남 합천군	가야산	칠불봉, 상왕봉(정상)	20 . .	
		황매산	황매평전, 모산재	20 . .	

지역	위치	산	봉우리	날짜		
경상도	부산 금정구	**금정산**	고당봉(정상)	20	.	.
	경남 양산시	**천성산**	정상, 제2봉	20	.	.
	울산 울주군	**신불산**	정상	20	.	.
	경남 통영시	**미륵산**	정상, 전망대	20	.	.
	경남 남해군	**금산**	보리암	20	.	.
	부산 해운대구	**장산**	정상	20	.	.
전라도	전북 구례군	**노고단**	정상	20	.	.
	전북 남원시	**바래봉**	정상	20	.	.
	전남 영암군	**월출산**	천황봉(정상), 사자봉	20	.	.
	광주/전남	**무등산**	서석대(정상), 안양산	20	.	.
	전북 무주군	**덕유산**	향적봉(정상), 중봉	20	.	.
	전남 여수시	**금오산**	향일암	20	.	.
	전남 해남군	**두륜산**	가련봉(정상)	20	.	.
	전북 완주군	**대둔산**	마천대(정상)	20	.	.
충청도	단양/경북영주	**소백산**	비로봉, 연화봉, 제2연화봉	20	.	.
	충북 보은군	**속리산**	문장대	20	.	.
	충북 제천시	**월악산**	영봉(정상)	20	.	.
	충남 공주시	**계룡산**	관음봉(정상)	20	.	.
	충남 천안시	**흑성산**	정상	20	.	.
	충남 당진시	**아미산**	정상	20	.	.
	제주도	**한라산**	백록담(1월 1일에만 야간산행 허용)	20	.	.

일몰 산행

지역	행정구역	산행지	추천 장소	완등		
수도권	인천 강화군	마니산	참성단, 정상	20	.	.
		고려산	적석사 낙조봉	20	.	.
		낙가산	보문사 마애석불좌상 앞	20	.	.
	인천 계양구	계양산	정상	20	.	.
	인천 남동구	소래산	정상	20	.	.
	인천 중구	호룡곡산	정상, 부처바위	20	.	.
	서울 관악구	관악산	자운암 능선	20	.	.
		삼성산	돌산 정상	20	.	.
	서울 노원구	불암산	정상	20	.	.
	서울 광진구	용마산	정상 아래 전망대	20	.	.
	경기 광주시	남한산성	서문 전망대	20	.	.
	경기 하남시	검단산	정상	20	.	.
	경기 의정부시	사패산	정상	20	.	.
	경기 남양주시	예봉산	패러글라이딩 활공장	20	.	.
	경기 김포시	문수산	정상	20	.	.
강원도	강원 평창군	발왕산	드래곤캐슬 앞(정상 부근)	20	.	.
		청옥산	정상	20	.	.
	강원 정선군	민둥산	정상	20	.	.
	강원 영월군	봉래산	정상(별마로천문대)	20	.	.
경상도	경남 합천/산청	황매산	황매평전	20	.	.
	경남 거창군	감악산	풍력발전단지	20	.	.

지역	행정구역		산행지	완등		
전 라 도	전북 고창군	**선운산**	낙조대	20	.	.
	전북 군산시	**오성산**	전망대(패러글라이딩 활공장)	20	.	.
		월영봉	199봉	20	.	.
	전남 진도군	**동석산**	세방낙조전망대	20	.	.
충 청 도	충남 논산시	**대둔산**	낙조대	20	.	.
	충남 보령시	**오서산**	정상	20	.	.
	충남 서산시	**팔봉산**	정상	20	.	.
	제주도	**오름**	사라봉(사라오름), 금오름, 새별오름, 도두봉(도두오름), 송악산	20	.	.

야간 산행

지역	행정구역	산행지	완등		
수 도 권	서울 종로구	**인왕산**	20	.	.
		낙산	20	.	.
	서울 광진구	**용마산, 아차산**	20	.	.
	서울 중구	**남산**	20	.	.
	서울 서대문구	**안산**	20	.	.
	서울 성동구	**응봉산**	20	.	.
	서울 관악구	**관악산**	20	.	.
		호암산	20	.	.
		삼성산(돌산)	20	.	.

지역	행정구역	산행지	완등
수도권	서울 서초구	**우면산**	20 . .
	인천 계양구	**계양산**	20 . .
	인천 미추홀구	**문학산**	20 . .
	인천 남동구	**소래산**	20 . .
	경기 광주시	**남한산성**	20 . .
	경기 수원시	**팔달산(수원화성)**	20 . .
	경기 오산시	**독산성**	20 . .
	경기 의정부시	**사패산**	20 . .
강원도	강릉시	**안반데기**	20 . .
	평창군	**청옥산(육백마지기)**	20 . .
	태백시	**매봉산(바람의언덕)**	20 . .
경상도	부산 남구	**황령산**	20 . .
	부산 해운대구	**장산**	20 . .
	부산 사하구	**승학산**	20 . .
	부산 금정구	**금정산**	20 . .
	부산 부산진구	**백양산**	20 . .
	울산 북구	**무룡산**	20 . .
	대구 남구	**앞산**	20 . .
	경남 창원시	**장복산, 시루봉**	20 . .
전라도	광주 남구	**금당산**	20 . .
	광주 광산구	**어등산**	20 . .
	전북 전주시	**기린봉**	20 . .

	충남 천안시	**태조산**	20 . .
충청도	충남 보령시	**옥마산**	20 . .
	충북 청주시	**깃대산**	20 . .
	대전 중구	**보문산**	20 . .
제주도		**사라봉(사라오름)**	20 . .

진달래 산행

지역	행정구역	산행지	해발고도	개화시기	군락지	완등
수도권	인천 강화군	**고려산**	436m	4/15~4/20 전후	수도권 최대 군락지	20 . .
	경기 부천시	**원미산**	124m	3/28~4/3 전후	진달래동산 주변	20 . .
	경기 김포시	**가현산**	215m	3/30~4/7 전후	진달래군락지	20 . .
	서울 강북구	**북한산**	836m	4/10~4/15 전후	진달래능선 일대	20 . .
	경기 양주시	**도봉산**	740m	4/10~4/15 전후	여성봉,오봉 일대	20 . .
	서울 서초구	**청계산**	618m	4/5~4/10 전후	진달래능선 일대	20 . .
강원도	인제/양양군	**설악산**	1,708m	5/15~5/22 전후	서북능선 일대	20 . .
경상도	대구 달성군	**비슬산**	1,084m	4/15~4/20 전후	천왕봉 주변, 진달래군락지 일대	20 . .
	대구 광역시	**와룡산**	300m	3/25~4/5 전후	용미봉 일대	20 . .

지역	행정구역	산행지	해발고도	개화시기	군락지	완등		
경상도	대구광역시	와룡산	300m	3/25~4/5 전후	용미봉 일대	20	.	.
	경남창원시	천주산	639m	4/5~4/10 전후	정상(용지봉) 주변	20	.	.
		무학산	761m	4/5~4/10 전후	학봉 일대	20	.	.
	경남창녕군	화왕산	758m	4/10~4/15 전후	정상(화왕산성) 주변	20	.	.
	경남밀양시	종남산	662m	4/5~4/12 전후	정상 주변	20	.	.
	경남거제시	대금산	438m	4/5~4/12 전후	정상, 시루봉 일대	20	.	.
전라도	전남여수시	영취산	510m	3/25~4/5 전후	정상, 가마봉, 시루봉 일대	20	.	.
	전남강진군	덕룡산	433m	3/25~4/5 전후	주능선 일대	20	.	.
	전남해남군	주작산	430m	3/25~4/5 전후	주능선 일대	20	.	.
		달마산	489m	3/25~4/5 전후	주능선 일대	20	.	.
	전남구례군	노고단	1,507m	3/24~4/30 전후	노고단 정상 일대	20	.	.
제주도	제주/서귀포시	윗세오름	1,947m	5/5~5/15 전후	선작지왓 일대	20	.	.

철쭉 산행

지역	행정구역	산행지	해발고도	개화시기	특이사항	완등		
수도권	경기 군포시	수리산	469m	4/23~ 4/30 전후	철쭉동산 일대, 철쭉 축제 개최	20	.	.
	서울 노원구	불암산	507m	4/21~ 5/1 전후	힐링타운 철쭉동산 일대	20	.	.
	남양주/ 가평	축령산	887m	5/5~ 5/15 전후	서리산 정상부 주변, 산림청 100대 명산	20	.	.
강원도	강원 태백시	태백산	1,567m	5/25~ 6/8 전후	정상부 천제단 주변	20	.	.
	강원 정선군	두위봉	1,466m	5/25~ 6/8 전후	정상부 주변, 철쭉 축제 개최	20	.	.
경상도	합천/ 산청군	황매산	1,108m	4/25~ 5/8 전후	황매평전/ 1~2군락지 일대, 철쭉축제 개최	20	.	.
	경남 산청군	지리산	1,915m	5/28~ 6/8 전후	세석평전 주변	20	.	.
	경남 양산시	천성산	812m	4/26~ 5/7 전후	화엄늪 주변, 철쭉 축제 개최	20	.	.
	경남 남해군	망운산	786m	4/30~ 5/7 전후	주능선 주변	20	.	.
	경남 창원시	비음산	510m	4/24~ 4/30 전후	정상부 주변, 철쭉 축제 개최	20	.	.
	경남 의령군	한우산	835m	4/28~ 5/7 전후	정상부 주변	20	.	.
	울산 울주군	대운산	742m	4/25~ 5/5 전후	정상 주변 8~9부 능선	20	.	.
전라도	전북 남원시	바래봉	1,165m	5/10~ 5/20 전후	정상부 및 팔랑치 주변, 철쭉 축제 개최	20	.	.
		봉화산	920m	5/1~ 5/10 전후	정상~치재 주변, 철쭉 축제 개최	20	.	.

지역	행정구역	산행지	해발고도	개화시기	특이사항	완등		
	전남 보성/ 장흥군	일림산	664m	4/28~ 5/10 전후	정상부 주변	20	.	.
		제암산	806m	4/30~ 5/12 전후	정상부, 곰재봉, 사자산 주변	20	.	.
	전남 보성군	초암산	576m	4/26~ 5/8 전후	정상~철쭉봉 주변	20	.	.
	전남 화순군	안양산	853m	5/1~ 5/10 전후	정상부 주변 능선, 철쭉 축제 개최	20	.	.
		백아산	810m	5/1~ 5/10 전후	천불봉~마당바위 부근(규모 작은 편)	20	.	.
	전북 무주군	덕유산	1,614m	5/25~ 6/8 전후	향적봉, 중봉, 덕유평전 주변	20	.	.
	전북 구례군	노고단	1,507m	5/15~ 5/23 전후	노고단 정상 일대	20	.	.
충 청 도	단양/경 북영주	소백산	1,439m	5/25~ 6/8 전후	비로봉, 연화봉 주변, 철쭉 축제 개최	20	.	.
	충남 논산시	월성봉	650m	4/27~ 5/5 전후	정상부 주변	20	.	.
제 주 도	제주/ 서귀포시	윗세오름	1,947m	5/28~ 6/10 전후	선작지왓 일대	20	.	.

벚꽃 산행

행정구역	산행지	해발고도	개화시기	특이사항	완등		
경기 과천시	청계산	618m	4/4~ 4/10 전후	서울대공원 주변	20	.	.
경기 부천시	도당산	106m	4/4~ 4/10 전후	벚꽃동산 주변	20	.	.
서울 서대문구	안산	296m	4/5~ 4/12 전후	연희숲속쉼터 일대	20	.	.

서울 중구	**남산**	270m	4/8~ 4/15 전후	남측순환로, 북측순환로 일대	20	.	.
경기 광주시	**남한산성**	522m	4/8~ 4/15 전후	산성로터리, 남한산성로 주변	20	.	.
경기 동두천시	**소요산**	587m	4/11~ 4/19 전후	주차장~매표소 주변, 자유수호 평화박물관 주변	20	.	.
강원 삼척시	**봉황산**	149m	3/31~ 4/7 전후	초입~정상부	20	.	.
강원 춘천시	**오봉산**	778m	4/10~ 4/18 전후	청평사 일대	20	.	.
부산 연제구	**황령산**	427m	3/25~ 4/3 전후	황령산 순환도로 주변	20	.	.
경북 경주시	**토함산**	745m	3/25~ 4/3 전후	불국사, 보문호 주변	20	.	.
경남 창원시	**장복산**	593m	4/5~ 4/12 전후	안민고개 및 능선부 주변	20	.	.
대구 동구	**팔공산**	1,192m	4/2~ 4/10 전후	팔공산 순환도로 주변	20	.	.
전북 부안군	**내변산**	424m	3/25~ 4/5 전후~	내소사 일대	20	.	.
전북 김제시	**모악산**	795m	3/25~ 4/5 전후~	금산사 진입로 주변	20	.	.
전북 진안군	**마이산**	687m	4/10~ 4/17 전후	남부주차장~ 탑사 진입로 주변	20	.	.
전북 고창군	**선운산**	336m	3/28~ 4/5 전후	주차장~선운사 주변	20	.	.
충남 공주시	**계룡산**	847m	4/2~ 4/9 전후	동학사 진입로 일대	20	.	.
충북 보은군	**속리산**	1,058m	4/10~ 4/17 전후	법주사 진입로 일대	20	.	.
충남 서산시	**가야산**	678m	4/18~ 4/25 전후	개심사 일대 겹벚꽃	20	.	.

개나리 산행

행정구역	산행지	해발고도	개화시기	특이사항	완등		
서울 성동구	응봉산	95m	3/27~4/3	산 전체가 개나리로 뒤덮힘	20	.	.
서울 종로구	인왕산	338m	3/27~4/3	무악재 하늘다리~ 선바위 주변	20	.	.
전남 목포시	유달산	228m	3/21~3/30	유달산 순환도로 주변	20	.	.

계곡 산행

행정구역	산행지	계곡 명칭	특이사항	완등		
서울 은평구	북한산	진관사계곡, 삼천사계곡	국립공원	20	.	.
경기 양주시	도봉산	송추계곡	국립공원	20	.	.
경기 남양주시	수락산	청학동계곡		20	.	.
서울 관악구	관악산	신림계곡		20	.	.
경기 과천시	관악산	과천향교계곡		20	.	.
경기 안양시	삼성산	삼막사계곡		20	.	.
경기 양평군	용문산	용계계곡, 사나사계곡, 상원계곡		20	.	.
경기 양평군	중원산	중원계곡		20	.	.
경기 양평군	소요산	쇠목계곡		20	.	.
경기 양평군	소리산	석산계곡		20	.	.

경기 가평군	유명산	유명계곡, 입구지계곡		20	. .
	어비산	어비계곡		20	. .
	연인산	용추계곡		20	. .
	칼봉산	경반사계곡		20	. .
	명지산	명지계곡, 익근리계곡, 백둔계곡, 귀목계곡		20	. .
	석룡산	조무락골		20	. .
	화악산	화악계곡		20	. .
	운악산	현등사계곡		20	. .
경기 포천시	백운산	백운계곡, 도마치계곡		20	. .
경기 동두천시	왕방산	왕방계곡		20	. .
속초/양양/ 인제	설악산	천불동계곡. 흘림골, 주전골, 십이선녀탕계곡, 수렴동계곡, 백담계곡, 둔전계곡	국립공원	20	. .
강원 강릉시	오대산	소금강계곡, 을수골	국립공원	20	. .
	대관령옛길	하제민원계곡		20	. .
강원 동해시	두타산	무릉계곡		20	. .
강원 춘천시	촉대봉	짚다리골		20	. .
원주시/횡성군	치악산	구룡사계곡, 부곡계곡	국립공원	20	. .
강원 횡성군	태기산	신대계곡		20	. .
강원 인제군	방태산	적가리골, 진동계곡		20	. .
강원 평창군	백석산	막동계곡		20	. .
강원 영월군	마대산	김삿갓계곡		20	. .
강원 정선군	백석봉	항골계곡		20	. .
강원 홍천군	백우산	용소계곡		20	. .
강원 화천군	반암산	광덕계곡		20	. .
울주군/밀양시	가지산	석남사계곡, 호박소계곡, 쇠점골계곡		20	. .

행정구역	산행지	계곡 명칭	특이사항	완등
울주군/양산시	신불/영축산	배내골		20 . .
영천/군위/칠곡	팔공산	치산계곡, 동신계곡, 금화계곡		20 . .
경북 문경시	대야산	용추계곡, 선유동계곡	국립공원	20 . .
	도장산	쌍용계곡		20 . .
경북 포항시	내연산	보경사계곡		20 . .
	동대산	하옥계곡		20 . .
경북 봉화군	조록바위봉	백천계곡		20 . .
경북 영덕군	팔각산	옥계계곡		20 . .
경북 울진군	응봉산	덕구계곡		20 . .
경북 청송군	주왕산	주왕계곡, 절골계곡	국립공원	20 . .
경남 밀양시	천황산	얼음골		20 . .
경남 양산시	천성산	내원사계곡		20 . .
경남 창원시	천주산	달천계곡		20 . .
	광려산	감천계곡		20 . .
경남 거창군	금원산	월성계곡		20 . .
경남 합천군	가야산	홍류동계곡	국립공원	20 . .
경남 산청군	웅석봉	백운동계곡		20 . .
	지리산	중산리계곡, 대원사계곡, 거림계곡, 고운동계곡, 오봉계곡	국립공원	20 . .
경남 하동군	지리산	의신계곡	국립공원	20 . .
경남 함양군	지리산	칠선계곡, 백무동계곡, 한신계곡	국립공원	20 . .
	기백산	용추계곡		20 . .
전북 남원시	지리산	뱀사골계곡, 달궁계곡, 구룡계곡	국립공원	20 . .
전남 구례군		피아골계곡, 화엄사계곡	국립공원	20 . .
	백운산	용지동계곡		20 . .

전북 무주군	덕유산	무주구천동계곡, 칠연계곡	국립공원	20	.	.
전북 완주군	운장산	운장산계곡		20	.	.
전북 진안군	덕태산	백운동계곡		20	.	.
	명도봉	운일암반일암계곡		20	.	.
전북 장수군	장안산	지지계곡		20	.	.
전남 곡성군	동악산	청계동계곡, 도림사계곡		20	.	.
전남 장성군	백암산	남창계곡		20	.	.
전남 여수시	영취산	흥국사계곡		20	.	.
전남 해남군	두륜산	대흥사계곡		20	.	.
충북 제천시	월악산	송계계곡, 용하구곡	국립공원	20	.	.
	백운산	덕동계곡		20	.	.
	금수산	능강계곡, 얼음골		20	.	.
충남 공주시	계룡산	동학사계곡, 갑사계곡	국립공원	20	.	.
충남 논산시	대둔산	수락계곡		20	.	.
충남 보령시	성주산	성주계곡		20	.	.
충남 아산시	광덕산	강당골계곡		20	.	.
충북 단양군	소백산	새밭계곡, 다리안계곡, 남천계곡	국립공원	20	.	.
충북 보은군	속리산	만수계곡		20	.	.
충북 괴산군	도명산	화양구곡		20	.	.
	칠보산	쌍곡구곡		20	.	.
	금단산	사담계곡		20	.	.
	옥녀봉	갈론계곡		20	.	.
충북 영동군	민주지산	물한계곡		20	.	.

동굴이 있는 산(또는 인근 동굴)

구분	행정구역	산행지	동굴 명칭	완등		
천연 동굴	강원 삼척시	덕항산	관음굴, 환선굴, 대금굴	20	.	.
		태화산	고씨동굴	20	.	.
	강원 동해시	보림산	천곡황금박쥐동굴	20	.	.
	강원 정선군	각희산	화암동굴	20	.	.
	강원 태백시	금대봉	용연동굴	20	.	.
	강원 평창군	백운산	백룡동굴	20	.	.
		거문산	광천선굴	20	.	.
	경북 울진군	선유산	성류굴	20	.	.
	충북 단양군	소백산	천동동굴, 고수동굴, 온달동굴	20	.	.
인공 동굴	경기 광명시	가학산	광명동굴	20	.	.
	충북 충주시	계명산	활옥동굴	20	.	.
	울산 울주군	신불산	자수정동굴나라	20	.	.
	부산 강서구	연대봉	대항항 포진지 동굴	20	.	.
	경남 김해시	작약산	김해와인동굴	20	.	.
	광주 남구	무등산	뒹굴동굴	20	.	.
	전북 무주군	적상산	머루와인동굴	20	.	.
	전남 광양시	마로산	광양와인동굴	20	.	.
	제주	송악산	진지동굴	20	.	.

단풍 산행/트레킹

지역	행정구역	산행지	추천 장소	완등		
수도권	경기 동두천시	소요산	관광지원센터~자제암 주변 / 수도권 최고의 단풍 명산	20	.	.
	경기 가평/ 포천	운악산	병풍바위~만경대 부근	20	.	.
	경기 포천시	국립수목원	육림호, 키작은 나무언덕, 수생식물원 호수 주변	20	.	.
		명성산	산정호수 둘레길	20	.	.
		한탄강	주상절리길	20	.	.
	경기 가평군	호명산	주차장~호명호수 일대	20	.	.
		축령산	아침고요수목원	20	.	.
		석룡산	조무락골	20	.	.
		명지산	명지계곡, 정상~명지2봉 능선	20	.	.
		유명산	유명계곡 일대	20	.	.
	경기 양평군	용문산	용문사 주변, 은행나무 유명	20	.	.
	경기 광주시	화담숲	한국관광 100선 선정, 전체적으로 볼거리 풍부	20	.	.
		남한산성	성곽길, 남한산성 행궁 주변	20	.	.
	서울/경기	청계산	서울대공원 둘레길, 서울대공원 호수 주변	20	.	.
		관악산	사당능선, 팔봉능선, 삼성산 일대	20	.	.
		북한산	의상능선, 숨은벽능선, 원효봉, 북한산성 입구~대남문, 우이령길	20	.	.
		도봉산	망월사 코스, 포대능선~신선대	20	.	.
	서울 종로구	북악산	한양도성길 백악구간	20	.	.
	서울 중구	남산	북측순환로, 남측순환로	20	.	.
	인천 남동구	인천대공원	호수주변 단풍터널, 메타세쿼이아길, 장수동 은행나무	20	.	.
	인천 강화군	정족산	전등사 주변, 정족산성	20	.	.

지역	행정구역	산행지	추천 장소	완등		
강원도	속초/양양/인제	설악산	서북능선, 공룡능선, 천불동계곡, 구곡담계곡, 소공원, 주전골, 흘림골, 봉정암	20	.	.
	평창/양양군	오대산	선재길 주변(월정사~상원사), 소금강계곡(국가지정 명승 제1호)	20	.	.
	강원 원주시	치악산	구룡사계곡, 향로봉~비로봉	20	.	.
	강원 강릉시	대관령	대관령옛길	20	.	.
	강원 춘천시	삼악산	등선폭포 일대	20	.	.
	강원 동해시	두타산	베틀바위, 마천루, 무릉계곡 일대	20	.	.
	강원 인제군	방태산	적가리골(방태산자연휴양림), 연가리골	20	.	.
	강원 홍천군	은행나무숲	은행나무 2,000여 그루 식재, 10월에만 무료 개방	20	.	.
경상도	경북 영주시	소백산	희방사 주변(희방계곡), 비로사, 부석사 주변	20	.	.
	경북 경주시	토함산	불국사 일대	20	.	.
	경북 포항시	내연산	청학동계곡(보경사계곡)	20	.	.
	합천/성주군	운제산	오어사, 오어지둘레길 일대	20	.	.
		가야산	만물상 코스, 해인사 주변, 홍류동계곡(소리길)	20	.	.
	경북 청송군	주왕산	대전사~주왕계곡 일대, 절골계곡, 주산지	20	.	.
	경북 봉화군	청량산	청량사 주변, 청량산성	20	.	.
	경남 밀양시	가지산	석남사 주변, 석남사계곡, 쇠점골계곡 주변	20	.	.
	경남 남해군	금산	보리암 일대	20	.	.
	대구 동구	팔공산	팔공산순환도로, 동화사 주변	20	.	.
	울산 울주군	신불산	신불공룡능선	20	.	.

				20	.	.
전남/전북/경남	지리산	천왕봉~연하봉, 칠선계곡, 피아골계곡, 뱀사골계곡	20	.	.
전북 정읍시	내장산	주차장~내장사 주변	20	.	.
전북 고창군	선운산	주차장~선운사~도솔암 일대, 천마봉	20	.	.
전남 장성군	백암산	주차장~백양사 주변	20	.	.
전북 완주군	대둔산	금강구름다리, 삼선계단, 마천대 주변	20	.	.
전북 무주군	적상산	머루와인동굴~안국사 연결도로 주변	20	.	.
전북 부안군	내변산	내소사 일대	20	.	.
전북 순창군	강천산	주차장~구장군폭포, 금성산성	20	.	.
전남 해남군	두륜산	주차장~대흥사(구림구곡)	20	.	.
	달마산	달마고도, 미황사 주변	20	.	.
전남 화순군	적벽	2전망대, 화순적벽 일대	20	.	.
광주/전남	무등산	원효사~임도~전망대, 규봉암 일대	20	.	.
충남 공주시	계룡산	갑사, 동학사 일대, 자연성릉(주능선)	20	.	.
충북 보은군	속리산	문장대~입석대, 법주사 주변, 말티재	20	.	.
제천/단양	월악산	하봉~영봉 구간, 옥순봉~구담봉, 제비봉, 금수산, 도락산	20	.	.
충남 천안시	흑성산	독립기념관 뒤편 단풍나무 숲길	20	.	.
충북 괴산군	산막이옛길	1코스	20	.	.
충남 보령시	성주산	성주산 자연휴양림 일대	20	.	.
충남 부여군	부소산	부소산성, 낙화암 일대	20	.	.
충남 홍성군	용봉산	정상~악귀봉	20	.	.
제주도	한라산	관음사코스(삼각봉~장구목능선), 영실기암, 한라산둘레길(천아숲길)	20	.	.

전라도 (전라도 rowspan for rows 지리산~무등산)
충청도 (충청도 rowspan for rows 계룡산~용봉산)

억새 산행

지역	행정구역	산행지	억새군락지	완등		
수도권	경기 포천시	명성산	억새군락지	20	.	.
	경기 가평/양평	유명산	양평 방면 패러글라이딩 활공장 주변	20	.	.
	서울 마포구	하늘공원	-	20	.	.
	경기 수원시	팔달산	수원화성 성곽 주변	20	.	.
강원도	강원 정선군	민둥산	정상부 주변	20	.	.
경상도	영남알프스	신불산	간월재, 신불재 주변, 신불산 정상~영축산 정상	20	.	.
		재약산	사자평 고원, 천황산 정상 주변, 천황재 주변	20	.	.
	경남 합천/산청	황매산	황매평전 일대	20	.	.
	경남 양산시	천성산	화엄벌 일대	20	.	.
	경남 창녕군	화왕산	화왕산성 일대	20	.	.
	경북 경주시	무장산	무장봉(정상) 주변	20	.	.
	대구 달성군	비슬산	대견봉 일대	20	.	.
		최정산	정상부 주변(고산습지)	20	.	.
	경남 창원시	무학산	서마지기 평원 일대	20	.	.
	경남 거제시	대금산	정상부 주변	20	.	.
	경남 의령군	한우산	정상부 주변	20	.	.
전라도	광주/전남	무등산	백마능선 주변, 중봉 주변	20	.	.
	전남 장흥군	천관산	환희대~연대봉(정상)	20	.	.
	전남 보성/장흥	제암산	제암산~곰재산~사자산 능선부	20	.	.
	전남 해남군	두륜산	만일재 주변	20	.	.
	전북 장수군	장안산	무룡고개~정상 능선부 일대	20	.	.

지역	행정구역	산행지			
충 청 도	충남 보령시	**오서산**	정상부 주변	20	. .
	충북 단양군	**소백산**	비로봉(정상) 주변	20	. .
	제주도	**오름**	산굼부리, 새별오름, 아끈다랑쉬오름, 큰사슴이오름, 따라비오름,	20	. .

눈꽃 산행

지역	행정구역	산행지	완등	
강원도	태백시	**태백산**	20	. .
	정선군	**함백산**	20	. .
	평창군	**선자령**	20	. .
		계방산	20	. .
	횡성군	**태기산**	20	. .
충청도	단양/경북영주	**소백산**	20	. .
전라도	전북 무주군	**덕유산**	20	. .
	전북 남원시	**바래봉**	20	. .
	광주/전남	**무등산**	20	. .
	제주도	**한라산 윗세오름**	20	. .

지역	행정구역	산행지	완등	
강원도	속초/양양/인제	설악산	20	. .
	평창군	오대산, 발왕산	20	. .
	평창/강릉	노인봉/소금강계곡	20	. .
	인제군	방태산	20	. .
	고성군	신선대(성인대)	20	. .
	원주시	치악산	20	. .
경상도	경남 산청군	지리산 천왕봉	20	. .
	거창/함양	남덕유산	20	. .
전라도	전북 고창군	선운산, 방장산	20	. .
	전북 부안군	내변산	20	. .
	전북 완주군	대둔산	20	. .
	전남 영암군	월출산	20	. .
충청도	충북 영동군	민주지산	20	. .
	충북 보은군	속리산	20	. .
	충남 공주시	계룡산	20	. .
제주도		한라산 백록담	20	. .

2순위로 분류한 눈꽃 산행지도 눈이 꽤 내리는 곳이지만, 태백산, 함백산, 선자령 등 1순위 산행지에 비해 등산객이 붐비지 않아 여유롭게 산행을 즐길 수 있다. 설악산 대청봉이나 지리산 천왕봉처럼 체력적인 부담이 큰 곳도 포함하였다.

섬 산행

지역	행정구역	산행지	접근 방법	완등
수도권	인천 강화군	석모도 해명산~낙가산	자동차	20 . .
	인천 중구	무의도 호룡곡산/국사봉	자동차	20 . .
	인천 옹진군	장봉도 국사봉	선박	20 . .
		신도/시도/모도	선박	20 . .
		덕적도 국수봉~비조봉	선박	20 . .
		대청도 삼각산	선박	20 . .
		굴업도 덕물산, 개머리언덕	선박	20 . .
		자월도 국사봉	선박	20 . .
전라도	전북 군산시	선유도 선유봉	자동차	20 . .
	전북 부안군	위도 망월봉	선박	20 . .
	전남 신안군	홍도 깃대봉	선박	20 . .
		흑산도 칠락산	선박	20 . .
		비금도 선왕산~그림산	선박	20 . .
		가거도 독실산	선박	20 . .
		자은도 두봉산	자동차	20 . .
		암태도 승봉산	자동차	20 . .
		임자도 대둔산	자동차	20 . .
	전남 진도군	진도 동석산	자동차	20 . .
	전남 완도군	완도 상왕봉	자동차	20 . .
		약산도 삼문산	자동차	20 . .
		청산도 대봉산	선박	20 . .
		금당도 삼랑산~오봉산	선박	20 . .
		소안도 가학산	선박	20 . .
		보길도 격자봉~관대봉	선박	20 . .
	전남 여수시	금오도 대부산, 비렁길	선박	20 . .
		돌산도 봉황산, 금오산	자동차	20 . .
	전남 고흥군	거금도 적대봉	자동차	20 . .

지역	행정구역	산행지	접근 방법	완등
경상도	경북 울릉군	울릉도 성인봉	선박	20 . .
	경남 통영시	사량도 지리산 칠현산	선박	20 . .
		연화도 연화봉	선박	20 . .
		욕지도 천왕산	선박	20 . .
		한산도 망산	선박	20 . .
		소매물도 망태봉	선박	20 . .
	경남 거제시	거제도 망산	자동차	20 . .
	부산 강서구	가덕도 연대봉	자동차	20 . .
	제주도	추자도 돈대산, 추자올레길	선박	20 . .

케이블카/곤돌라 타고 등산하기

구분	산행지	명칭	길이	소요시간(편도)	탑승정원	해발고도		완등
						출발지	도착지	
수도권	남산(서울)	남산 케이블카	605m	3분	48명	78m	265m	20 . .
	명성산(포천)*예정	산정호수 케이블카	1,900	8분	8명	228m	650m	20 . .
강원도	설악산(속초)	설악 케이블카	1,200m	5분	50명	208m	679m	20 . .
	발왕산(평창)	발왕산 관광 케이블카	3,700m	20분	8명	765m	1,430m	20 . .
	삼악산(춘천)	삼악산 호수 케이블카	3,610m	15분	8명	76m	420m	20 . .

강원도	가리왕산 (정선)	가리왕산 케이블카	3,510m	20분	8명	425m	1,368m	20	.	.
	백암산 (화천)	백암산 케이블카	2,217m	15분	46명	381m	1,125m	20	.	.
경상도	재약산 (밀양)	얼음골 케이블카	1,800m	10분	50명	329m	1,020m	20	.	.
	미륵산 (통영)	통영 케이블카	1,975m	10분	8명	40m	387m	20	.	.
	노자산 (거제)	거제 케이블카	1,560m	7.5분	10명	220m	545m	20	.	.
	팔공산(대구)	팔공산 케이블카	1,192m	7분	6명	470m	806m	20	.	.
	앞산 (대구)	앞산 케이블카	847m	5분	48명	180m	510m	20	.	.
	금오산 (구미)	금오산 케이블카	805m	6.5분	51명	158m	348m	20	.	.
	금오산 (하동)	하동 케이블카	2,556m	10분	8명	61m	849m	20	.	.
	망향봉 (울릉도)	도동 케이블카	490m	5분	15명	130m	255m			
전라도	덕유산 (무주)	덕유산 리조트 관광곤도라	2,659m	20분	8명	746m	1,520m	20	.	.
	내장산 (정읍)	내장산 케이블카	688m	5분	51명	200m	540m	20	.	.
	두륜산 (해남)	두륜산 케이블카	1,600m	8분	50명	115m	565m	20	.	.
	대둔산 (완주)	대둔산 케이블카	927m	5분	50명	322m	640m	20	.	.
충청도	비봉산 (제천)	청풍호반 케이블카	2,300m	9분	10명	163m	488m	20	.	.

출렁다리/구름다리 타고 등산하기

구분	산행지	명칭	설계 방식	길이	폭	높이 (지표면 기준)	해발 고도	완등		
수도권	감악산	감악산 출렁다리	현수교 (무주탑)	150m	1.5m	45m	165m	20	.	.
	운악산 (가평)	운악산 출렁다리	현수교 (무주탑)	210m	1.5m	45m	373m	20	.	.
	고려산 (강화)	고려산 구름다리	현수교	55m	2.5m	17m	169m	20	.	.
	해명산 (강화)	해명산 구름다리	현수교	52m	2.0m	20m	107m	20	.	.
	도덕산 (광명)	도덕산 출렁다리	Y자형	82m	1.5m	20m	152m	20	.	.
	한탄강 (포천)	한탄강 하늘다리	현수교	200m	2.0m	50m	103m	20	.	.
	은데미산(부천)	까치울 구름다리	현수교	67m	1.5m	17m	55m	20	.	.
	부아산 (옹진)	부아산 구름다리	현수교	68m	1.0m	7m	46m	20	.	.
	국수봉 (옹진)	국수봉 구름다리	현수교	47m	2.0m	-	145m	20	.	.
강원도	소금산 (원주)	소금산 출렁다리	현수교 (무주탑)	200m	1.5m	100m	120m	20	.	.
		소금산 울렁다리	현수교	404m	2.0m	100m	155m	20	.	.
	설악산 (속초)	육담폭포 구름다리	현수교	43m	1.5m	43m	270m	20	.	.
	백운산 (동강)	하늘벽 구름다리	평교	13m	1.8m	105m	372m	20	.	.
	한탄강 (철원)	은하수교	현수교	180m	3.0m	54m	157m	20	.	.
경상도	청량산 (봉화)	청량산 하늘다리	현수교	90m	1.2m	70m	762m	20	.	.

경상도	우두산 (거창)	우두산 출렁다리	Y자형	109m	1.5m	60m	620m	20	. .
	운제산 (포항)	운제산 원효교	현수교	118m	2.0m	10m	130m	20	. .
	내연산 (포항)	연산 구름다리	현수교	26m	1.6m	-	255m	20	. .
	형제봉 (하동)	신선대 구름다리	현수교 (무주탑)	137m	1.6m	-	895m	20	. .
	적석산 (고성)	적석산 구름다리	현수교	52m	1.5m	-	473m	20	. .
	사량도 (통영)	출렁다리	현수교	39m+ 22m	2.2m	-	265m	20	. .
	연화도 (통영)	연화도~ 우도 보도교	현수교	230m	1.5m	18m	18m	20	. .
		연화도 출렁다리	현수교	46m	1.5m	-	10m	20	. .
전라도	월출산 (영암)	월출산 구름다리	현수교	54m	1.0m	120m	510m	20	. .
	구봉산 (진안)	구봉산 구름다리	현수교 (무주탑)	100m	1.2m	47m	740m	20	. .
	강천산 (순창)	강천산 구름다리	현수교	76m	1.0m	50m	247m	20	. .
	채계산 (순창)	채계산 출렁다리	현수교 (무주탑)	270m	1.5m	90m	180m	20	. .
	백아산 (화순)	백아산 하늘다리	현수교	66m	1.2m	20m	685m	20	. .
	석문산 (강진)	사랑플러스 구름다리	현수교	111m	1.5m	25m	70m	20	. .
	대둔산 (완주)	금강 구름다리	현수교 (무주탑)	50m	1.0m	80m	679m	20	. .
	명도봉 (진안)	운일암반 일암 구름다리	현수교 (무주탑)	220m	1.5m	80m	379m	20	. .
	옥정호 (임실)	옥정호 출렁다리	현수교	420m	1.5m	-	201m	20	. .
	서망산 (완도)	서망산 구름다리	아치교	137m	1.6m	-	62m	20	. .

구분	산행지	명칭	설계방식	길이	폭	높이 (지표면 기준)	해발고도	완등		
충청도	대둔산 (논산)	군지 구름다리	현수교	45m	1.0m	47m	448m	20	.	.
	칠갑산 (청양)	천장호 출렁다리	현수교	207m	1.5m	21m	21m	20	.	.
	옥순봉 (제천)	옥순봉 출렁다리	현수교 (무주탑)	222m	1.5m	7m	145m	20	.	.
	월영산 (금산)	월영산 출렁다리	현수교 (무주탑)	275m	1.5m	45m	168m	20	.	.
	좌구산 (증평)	명산 구름다리	현수교	230m	2.0m	50m	278m	20	.	.
	장태산 (대전)	장태산 출렁다리	현수교	140m	1.5m	20m	165m	20	.	.
	산막이 옛길 (괴산)	연하협 구름다리	현수교	134m	2.1m	-	161m	20	.	.
	태조산 (천안)	태조산 구름다리	현수교	62m	1.5m	18m	149m	20	.	.
	아미산 (당진)	아미산 구름다리	현수교	76m	1.5m	9m	156m	20	.	.
제주도	한라산 (제주)	용진각 출렁다리	현수교	52m	2.0m	10m	1,510m	20	.	.

높은 해발고도에서 등산하기

지역	산행지	해발고도	시작점	해발고도	표고차	이동거리/시간(편도)		완등		
수도권	유명산	862m	배너미재	626m	202m	4.2km	1시간 20분	20	.	.
	용문산	1,157m	109쪽 참고	828m	329m	3.6km	1시간 40분	20	.	.
	화악산	1,468m	화악터널	893m	575m	2.9km	1시간 30분	20	.	.
	남한산성 (남한산)	522m	산성로터리	329m	193m	2.3km	1시간	20	.	.
강원도	함백산	1,573m	만항재	1,330m	243m	3.0km	1시간 10분	20	.	.
	태백산	1,567m	유일사 주차장	895m	672m	3.5km	2시간	20	.	.
	계방산	1,577m	운두령	1,086m	491m	4.1km	3시간	20	.	.
	태기산	1,261m	양두구미재	980m	281m	4.2km	1시간 45분	20	.	.
	두타산	1,353m	댓재	810m	543m	6.1km	2시간 40분	20	.	.
	선자령	1,157m	대관령마을휴게소	821m	336m	12.0km	2시간 30분	20	.	.
	안반데기	1,100m	와우안반데기	1,009m	91m	6.0km	3시간(왕복)	20	.	.
	청옥산 (평창)	1,255m	113쪽 참고	1,191m	64m	0.6km	15분	20	.	.
	북설악 (신선대)	645m	화암사 주차장	241m	404m	1.9km	50분	20	.	.

전국 산행지 리스트

지역	산행지	해발고도	시작점	해발고도	표고차	이동거리/시간(편도)		완등		
경상도	영남 알프스 간월재	900m	배내2 공영 주차장	574m	326m	6.0km	2시간 30분	20	.	.
	조령산	1,017m	이화령	548m	469m	2.7km	1시간 20분	20	.	.
	토함산	745m	석굴암 주차장	553m	192m	1.4km	40분	20	.	.
	금산 (남해)	681m	복곡탐방 지원센터	571m	110m	1.0km	25분	20	.	.
	황매산	1,113m	황매산 오토 캠핑장	787m	326m	1.8km	50분	20	.	.
	장복산	584m	안민고개	288m	296m	4.1km	1시간 45분	20	.	.
	팔공산	1,192m	팔공산 하늘정원	1,045m	147m	1.8km	30분	20	.	.
전라도	지리산 (노고단)	1,507m	성삼재 휴게소	1,083m	424m	2.8km	1시간 20분	20	.	.
	지리산 (만복대)	1,433m	정령치	1,165m	268m	2.0km	1시간	20	.	.
	달마산 (도솔암)	357m	상세설명 참고	375m	18m	0.7km	20분	20	.	.
	장안산	1,237m	무룡고개	873m	364m	2.8km	1시간 20분	20	.	.
	축령산 (장성)	622m	추암 주차장	240m	382m	2.0km	1시간	20	.	.
충청도	소백산 (연화봉)	1,377m	죽령 주차장	697m	680m	7.0km	2시간 40분	20	.	.
	민주지산	1,241m	도마령 주차장	796m	445m	4.2km	1시간 50분	20	.	.
	속리산 (말티재)	438m	말티재 주차장	410m	28m	10.4km	2시간 30분	20	.	.

아름다운 사찰을 찾아 등산하기

지역	산행지	사찰	주요 특징 / 역사	완등	
수도권	북한산	문수사	해발 642m에 위치하여 북한산과 서울 시내 조망이 일품	20	. .
		승가사	서울 근교 4대 사찰, 해발 443m 위치하여 북한산&서울 조망 우수	20	. .
		진관사	사찰 음식과 템플스테이 장소로 유명, 불교 항일 운동의 상징	20	. .
		국녕사	의상능선을 배경으로 동양 최대의 좌불상(24m)이 있는 사찰	20	. .
	도봉산	망월사	포대능선 자락에 위치한 사찰로 가을 단풍과 설경이 특히 아름다움	20	. .
	관악산	연주암	성호 이익의 유람기에 '산의 승경(勝景)이 이보다 뛰어난 곳이 없다고 언급	20	. .
	청계산	청계사	진입로 주변의 메타세쿼이아 숲 주변에서 산림욕을 즐기기에 좋음	20	. .
	호암산	호압사	호암산 잣나무 산림욕장 및 호암산 일몰/야경과 함께 둘러보기 좋음	20	. .
	용문산	용문사	천연기념물로 지정된 수령 1100살 정도로 추정되는 은행나무 유명	20	. .
	운길산	수종사	조선시대 학자 서거정이 '동방에서 제일의 전망을 가진 사찰'로 극찬	20	. .
	낙가산	보문사	불교 3대 해수관음사찰로 유명하며, 특히 낙조(일몰)가 아름다운 사찰	20	. .
	정족산	전등사	한국에서 가장 오래된 사찰, 단군왕검의 세 아들이 쌓은 삼랑성 내 위치	20	. .
	고려산	적석사	강화 8경 중 한 곳, 섬과 바다가 어우러진 낙조대에서 보는 일몰 아름다움	20	. .
강원도	설악산	봉정암	국내 5대 적멸보궁, 국내에서 가장 높은 곳에 위치한 사찰 중 하나로 가을철 설악산 단풍과 함께 둘러보기에 좋음	20	. .
		신흥사	외설악의 관문 역할, 울산바위와 함께 둘러보기에 좋음	20	. .

지역	산행지	사찰	주요 특징 / 역사	완등
경상도	오대산	상원사	중대 사자암 풍경과 국내 5대 적멸보궁, 선재길과 연계하여 둘러보기 좋음	20 . .
		월정사	드라마/영화 배경이 된 전나무 숲길, 선재길과 연계하여 둘러보기 좋음	20 . .
	오봉산	청평사	봄철 벚꽃과 꽃잔디 유명, 배를 타고 소양호를 통해 들어가 관람하기 좋음	20 . .
	치악산	구룡사	명품 금강소나무 숲길과 구룡계곡과 함께 둘러보기 좋음	20 . .
	가야산	해인사	유네스코 세계문화유산 팔만대장경 보유, 가을 단풍이 특히 아름다움 불교의 삼보사찰 중 '법보(法寶)사찰'에 해당	20 . .
	영축산	통도사	불교의 삼보사찰 중 '불보(佛寶)사찰'에 해당, 국내 5대 적멸보궁*에 해당	20 . .
	소백산	부석사	유네스코 세계유산으로 선정, 우리나라 최고의 목조건물 '무량수전' 및 다양한 국보/보물 보유한 사찰	20 . .
	팔공산	동화사	동화사로 이어지는 팔공산순환로로 벚꽃과 가을철 단풍이 아름답기로 유명	20 . .
	토함산	불국사	신라불교문화의 정수 석가탑과 다보탑, 봄철 토함사 주변 벚꽃 아름다움	20 . .
	금정산	범어사	영남의 3대 사찰, 아름다운 계곡과 빼어난 산세, 템플스테이 유명	20 . .
	재약산	표충사	재약산과 어우러진 풍경이 일품, 유교와 불교가 공존하는 특색있는 사찰	20 . .
	청량산	청량사	청량사 뒤로 펼쳐진 자소봉, 탁필봉, 연적봉과의 조화가 으뜸	20 . .
	금산	보리암	불교 3대 해수관음사찰로 유명, 섬과 바다가 어우러진 한려수도 경치 일품	20 . .
전라도	조계산	송광사	불교의 삼보사찰 중 '승보(僧寶)사찰'에 해당, 템플스테이 유명	20 . .
		선암사	보물로 지정된 선암사계곡의 승선교 풍경과 봄철 매화가 유명(홍매화, 청매화, 백매화), 유네스코 세계유산으로 선정	20 . .

전 라 도	지리산	화엄사	노고단에 오를 때 방문하기 좋음. 봄철 홍매화 유명, 템플스테이 사찰로 유명	20	. .
		쌍계사	봄철 화개장터에서 쌍계사에 이르는 십리벚꽃길이 장관	20	. .
	백암산	백양사	가을철 쌍계루 주변, 백학봉과 어우러진 단풍이 압권, 템플스테이 유명	20	. .
	선운산	선운사	봄철 벚꽃, 가을철 단풍/꽃무릇과 둘러보기에 좋음. 템플스테이 유명	20	. .
	두륜산	대흥사	유네스코 세계유산으로 선정, 가을이면 '구림구곡(九林九曲)' 단풍이 아름답기로 유명	20	. .
	달마산	미황사	달마산 수직암봉이 병풍처럼 늘어선 조화가 으뜸. 국가지정명승으로 지정	20	. .
	내변산	내소사	전나무숲길 유명, 봄철에 벚꽃이 아름다움, 봄/가을 두번 피는 춘추벚꽃	20	. .
		월명암	변산8경, 호남의 3대 산상무쟁처로 변산 일대의 풍경이 파노라마처럼 멋짐	20	. .
	무등산	규봉암	무등산 3대 주상절리 광석대와의 조화가 환상적, 가을에 특히 아름다움	20	. .
	금오산	향일암	불교 4대 기도도량으로 유명, 일출이 아름다우며 국가지정명승으로 지정	20	. .
충 청 도	계룡산	갑사	'춘마곡(春麻谷) 추갑사(秋甲寺)'라는 말이 있을 정도로 가을철 단풍이 장관	20	. .
		동학사	봄철에 진입로 주변 4km에 달하는 벚꽃터널이 장관	20	. .
	태화산	마곡사	'춘마곡(春麻谷) 추갑사(秋甲寺)'라는 말이 있을 정도로 봄에 아름다운 사찰, 유네스코 세계유산으로 선정	20	. .
	속리산	법주사	유네스코 세계유산으로 선정, 국보 팔상전 등 수많은 국보/보물급 문화재 간직, 법주사 주변 가을 단풍 아름답기로 유명	20	. .
	가야산	개심사	충남 4대 사찰, 유홍준 교수 선정 5대 사찰, 봄철 겹벚꽃과 청벚꽃이 아름다움.	20	. .

국립공원 코스별 난이도

국립공원공단에서 2013년 탐방로 등급제를 실시하면서 조사한 전국 국립공원 탐방로 난이도 순위이다.

1. 코스 난이도: 매우 어려움

구분	코스	소요시간	거리	난이도 점수	완등
설악산	소공원-비선대-마등령-공룡능선-대청봉-오색	16시간 30분	22.1km	4.61	20 . .
지리산	노고단-벽소령-세석-장터목-천왕봉-중산리	20시간 00분	30.9km	4.53	20 . .
설악산	소공원-비선대-귀면암-양폭-대청-오색	15시간	19.0km	4.14	20 . .
설악산	백담사-봉정암-대청봉-희운각-비선대-소공원	15시간	31.0km	3.98	20 . .
설악산	오색-대청봉(왕복)	8시간	10.0km	3.93	20 . .
설악산	한계령-끝청-대청봉-희운각-비선대-소공원	13시간 20분	19.3km	3.92	20 . .
지리산	백무동-장터목-천왕봉(왕복)	10시간	15.0km	3.84	20 . .
지리산	추성-두지동-천왕봉-중산리	11시간	15.1km	3.82	20 . .
덕유산	구천동탐방지원센터-백련사-향적봉-중봉-삿갓재-남덕유산-영각공원 지킴터(종주)	14시간	26.9km	3.76	20 . .
지리산	거림-세석-장터목-천왕봉-중산리	11시간 30분	16.5km	3.74	20 . .
지리산	유평-치밭목-천왕봉-중산리	11시간	15.6km	3.69	20 . .
지리산	중산리-천왕봉-장터목-중산리	9시간	12.4km	3.62	20 . .

월출산	천황사주차장-구름다리-천황봉-구정봉-억새밭-도갑사	6시간 30분	8.9km	3.46	20 . .
지리산	중산리-천왕봉-중산리	8시간 30분	10.8km	3.40	20 . .
지리산	뱀사골-화개재-반야봉-피아골	10시간	22.5km	3.37	20 . .
월출산	천황사주차장-구름다리-천황봉-바람폭포-천황사	4시간	6.7km	3.36	20 . .
치악산	구룡-비로봉-향로봉-남대봉-금대리(종주)	10시간	21.5km	3.35	20 . .
월출산	천황사주차장-구름다리-천황봉(왕복)	4시간	7.4km	3.34	20 . .
월출산	천황사주차장-바람폭포-천황봉(왕복)	3시간 20분	6.0km	3.34	20 . .
북한산	용암사-용혈봉-대남문-구기동	5시간	6.4km	3.31	20 . .
설악산	남교리-복숭아탕-대승령-장수대	7시간 30분	11.3km	3.29	20 . .
월출산	천황사주차장-바람폭포-천황봉-구정봉-억새밭-도갑사	4시간 50분	8.7km	3.27	20 . .
월출산	도갑사-억새밭-구정봉-천황봉(왕복)	5시간 50분	11.4km	3.26	20 . .
월악산	동창교-송계삼거리-영봉(왕복)	4시간 30분	8.6km	3.18	20 . .
월악산	보덕암-하봉-중봉-영봉(왕복)	5시간 30분	11.0km	3.15	20 . .
오대산	소금강-노인봉-진고개	7시간	13.3km	3.12	

2. 코스 난이도: 어려움

소백산	희방사-연화봉-비로봉-천동	6시간	12.8km	3.10	20 . .
덕유산	황점공원지킴터-삿갓재-월성치-남덕유-월성공원지킴터	5시간 30분	13.7km	3.09	20 . .

구분	코스	소요시간	거리	난이도 점수	완등
속리산	도마골-큰군자산-쌍곡분소	5시간	6.5km	3.09	20 . .
소백산	희방사-연화봉-비로봉-국망봉-초암사	8시간	15.3km	3.08	20 . .
소백산	어의곡-비로봉-연화봉-희방사	7시간	11.3km	3.07	20 . .
덕유산	신풍령-횡경재-송계사	5시간	11.9km	3.05	20 . .
덕유산	안성탐방지원센터-칠연폭포삼거리-동엽령-병곡	4시간 10분	7.9km	3.04	20 . .
덕유산	영각공원지킴터-남덕유산-월성공원지킴터	4시간 10분	8.4km	3.01	20 . .
내장산	일주문-서래봉 불출봉-망해봉-연지봉-까치봉-신선봉-연자봉-장군봉-유군치-동구리	7시간	11.7km	3.00	20 . .
월출산	경포대-바람재-천황봉-구름다리-천황사	4시간	6.4km	3.00	20 . .
월악산	상선암마을-채운봉-도락산(왕복)	4시간 20분	6.6km	3.00	20 . .
계룡산	동학사주차장-동학사-은선폭포-관음봉고개-연천봉-관음봉-삼불봉-남매탑-동학사-동학사주차장	7시간	10.1km	2.98	20 . .
오대산	동피골-동대산-두로봉-상왕봉-비로봉-상원사	8시간 10분	19.1km	2.98	20 . .
소백산	죽령-도솔봉-묘적봉-묘적령	4시간 30분	8.6km	2.97	20 . .
소백산	희방사-연화봉-비로봉-삼가	6시간	11.9km	2.95	20 . .
소백산	삼가-비로사-비로봉-국망봉-봉두암-초암사	7시간	13.8km	2.94	20 . .

월악산	덕주골-마애불-영봉(왕복)	5시간 5분	11.3km	2.94	20	.	.
속리산	화북탐방지원센터-문장대-화북탐방지원센터(왕복)	5시간	6.8km	2.92	20	.	.
치악산	금대리-영원사남대봉-성남	5시간	11.6km	2.91	20	.	.
북한산	백운대공원지킴터-백운대-용암문-도선사	2시간 30분	4.8km	2.91	20	.	.
월악산	물레방아-북바위산(왕복)	3시간 30분	6.7km	2.91	20	.	.
월악산	상선암마을-제봉-도락산(왕복)	3시간	5.8km	2.89	20	.	.
소백산	삼가-비로사-양반바위-비로봉-어의곡갈림길-어의곡	5시간 30분	9.8km	2.88	20	.	.
덕유산	서창공원지킴터-삼거리-안국사-치목	3시간 30분	7.5km	2.88	20	.	.
가야산	백운동탐방지원센터-서성재-상왕봉-만물상-백운동탐방지원센터	5시간	9.9km	2.86	20	.	.
계룡산	갑사주차장-갑사-원효대-연천봉-관음봉고개-관음봉-삼불봉-남매탑-동학사-동학사주차장	6시간	9.2km	2.86	20	.	.
내장산	백양사-약사암-백학봉-상왕봉-순창새재-소등근재-까치봉-내장사-일주문	7시간	13.6km	2.84	20	.	.
월출산	도갑사-억새밭-구정봉-바람재-경포대	3시간 40분	6.6km	2.83	20	.	.
월악산	신륵사-신륵사삼거리-영봉(왕복)	3시간 50분	7.0km	2.83	20	.	.
계룡산	신원사탐방지원센터-신원사-고왕암-연천봉고개-연천봉-관음봉-삼불봉-남매탑-동학사-동학사주차장	6시간	9.2km	2.82			

전국 산행지 리스트

구분	코스	소요시간	거리	난이도 점수	완등
월악산	만수교-삼거리-만수봉(순환코스)	3시간 30분	7.8km	2.81	20 . .
북한산	산성-대서문-등운각-백운대-우이동	3시간 30분	5.3km	2.80	20 . .
덕유산	남덕유분소-횡경재-백암봉-향적봉-설천봉-무주리조트	4시간 30분	8.9km	2.80	20 . .
소백산	초암사-국망봉(왕복)	5시간 30분	11.0km	2.79	20 . .
월악산	제비봉공원지킴터-제비봉(왕복)	2시간 30분	4.6km	2.79	20 . .
북한산	송추-포대능선-신선대-송추	4시간 30분	7.3km	2.78	20 . .
주왕산	절골-대문다리-가메봉-제3폭포-제1폭포-상의탐방지원센터	6시간 10분	12.5km	2.75	20 . .
지리산	성삼재-반야봉(왕복)	7시간	15.6km	2.74	20 . .
계룡산	수통골주차장-도덕봉-가리울삼거리-자티고개-금수봉삼거리-금수봉-성북동삼거리-빈계산-수통골주차장	5시간 30분	8.9km	2.73	20 . .
소백산	천동-비로봉(왕복)	5시간	8.8km	2.73	20 . .
치악산	구룡-세렴폭포-(계곡길)-비로봉-(사다리병창)-구룡	7시간	11.5km	2.72	20 . .
북한산	구기동-사모바위-비봉-진관사	3시간 20분	5.2km	2.71	20 . .
월악산	만수교-만수봉(왕복)	2시간 20분	5.8km	2.68	20 . .
북한산	도봉입구-신선대-포대능선-회룡	3시간 30분	8.5km	2.68	20 . .
월출산	경포대-바람재-천황봉-경포대	4시간	6.2km	2.67	20 . .

치악산	황골-비로봉-사다리병창-세렴폭포-구룡사	5시간 30분	9.8km	2.67	20	.	.
오대산	상원사-비로봉-상왕봉-두로령-북대사-상원사	5시간 15분	14.5km	2.66	20	.	.
내장산	백양사-약사암-백학봉-상왕봉-능선사거리-사자봉-청류암-가인마을	5시간 30분	9.2km	2.65	20	.	.
치악산	행구동-보문사-향로봉-곧은재	3시간 30분	5.8km	2.65	20	.	.

'국립공원 정상석'을 한눈에

우리나라 23개의 국립공원 중 산이 있는 22곳의 정상석이다.

2023년 5월, 국립공원으로 승격된 팔공산도 포함하였다.

가야산 상왕봉

경주남산 금오봉

계룡산 관음봉

남해금산

내장산 신선봉

내변산 관음봉

덕유산 향적봉

무등산 서석대

북한산 백운대

설악산 대청봉

소백산 비로봉

속리산 천왕봉

오대산 비로봉

월악산 영봉

월출산 천황봉

주왕산 주봉

지리산 천왕봉

치악산 비로봉

태백산 정상석

팔공산 비로봉

팔영산 깃대봉

한라산 백록담

이미지 출처

65쪽 구봉산의 가을 76쪽 월출산 운해 폭포 ⓒ 김부진, **79**쪽 화려한 서울의 일몰을 바라보다(인왕산) ⓒ 김상수, **81**쪽 성곽위의 도시 (낙산) ⓒ 임영록, **83**쪽 비슬산 ⓒ 라이브스튜디오, **86**쪽 황매산 ⓒ 라이브스튜디오, **86**쪽 윗세오름의 봄 ⓒ 김민 중, **88**쪽 마이산 십리 벚꽃길 ⓒ 홍다빈, **91**쪽 두타산 베틀바위 ⓒ 이원창, **95**쪽 계족산 황톳길 ⓒ IR 스튜디오, **96**쪽 내장산국립공원 ⓒ IR 스튜디오, **102**쪽 한탄강 얼음트레킹 ⓒ 김교창, **104**쪽 사량도 지리산 ⓒ 이원창, **105**쪽 울릉도 ⓒ 앙지뉴 필름, **106**쪽 한려수도 케이블카 ⓒ 한국관광사 김지호, **107**쪽 소금산 그랜드밸리 ⓒ 한국관광공사 김지호, **108**쪽 천상의 노고단 ⓒ 박용희, **110**쪽 남한산성 ⓒ 라이브스튜디오, **111**쪽 태백산의 상고대 ⓒ 박병갑, **113**쪽 안반데기의 아침 ⓒ 김봉수, **113**쪽 아 육백마지기 ⓒ 황윤철, **114**쪽 북설악 성인대의 아침 ⓒ 허윤경, **114**쪽 간월재의 여름 ⓒ 방현혁, **116**쪽 한국의 은하수 ⓒ 윤은준, **116**쪽 봄이 오는 보리암 ⓒ 박용희, **119**쪽 장성축령산 휴양림 ⓒ 한국관광공사 김지호, **120**쪽 말티재 전망대 ⓒ 라이브스튜디오, **121**쪽 단양강 잔도 ⓒ 한국관광공사 김지호, **122**쪽 소금산 그랜드밸리 ⓒ 한국관광공사 김지호, **122**쪽 철원 한탄강 주상절리길 ⓒ 한국관광 공사 이범수, **124**쪽 송광사의 봄 ⓒ 신승희, **125**쪽 백양사 추경의 흐름 ⓒ 김윤중 149쪽 장태산의 가을 ⓒ 김상석 (한국관광공사 이미지 갤러리, korean1.visitkorea.or.kr/kor/tt/pr_gallery/new_photo_gallery/main/main_ssot.jsp), **134~136**쪽 권운, 권층운, 권적운, 고적운, 고층운, 난층운, 적운, 층운, 층적운, 적란운 (세계기상기구, cloudatlas.wmo.int), **139**쪽 억새, 갈대, **140**쪽 진달래, 철쭉, 산철쭉 ('국립생물자원관', '한반도의 생물다양성', species.nibr.go.kr)

국립공원공단, www.knps.or.k
산림청, www.forest.go.kr

생활 등산·트레킹 가이드북

산키피디아

초판 1쇄 발행 2023년 9월 25일
초판 3쇄 발행 2024년 11월 20일

지은이 이원창(아웃도어큐레이터)

주간 이동은
책임편집 성스레
편집 김주현
미술 임현아 김숙희
마케팅 사공성 김상권 장기석
제작 박장혁 전우석

발행처 북커스
발행인 정의선
이사 전수현

출판등록 2018년 5월 16일 제406-2018-000054호
주소 서울시 종로구 평창30길 10 (03004)
전화 02-394-5981~2(편집) 031-955-6980(마케팅)
팩스 031-955-6988

ⓒ이원창, 2023

이 책은 저작권법에 의해 보호를 받는 저작물이므로 무단 전재 및복제를 금지하며,
이 책의 내용 전부 또는 일부를 이용하려면 반드시 저작권자와 북커스의 서면 동의를 받아야 합니다.

ISBN 979-11-90118-60-6 03690

- 북커스(BOOKERS)는 (주)음악세계의 임프린트입니다.
- 값은 뒤표지에 있습니다.
- 파본이나 잘못된 책은 구입하신 시점에서 교환해 드립니다.